企业学习平台建设运行攻略

以“奋进石化”学习平台为例

奚 震◎著

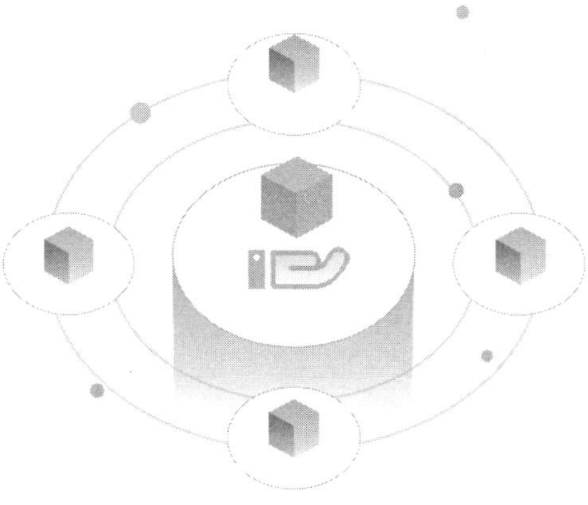

中国经济出版社
CHINA ECONOMIC PUBLISHING HOUSE
中国石化出版社
HTTP://WWW.SINOPEC-PRESS.COM

·北 京·

图书在版编目（CIP）数据

企业学习平台建设运行攻略：以“奋进石化”学习平台为例 / 奚震著. -- 北京：中国经济出版社：中国石化出版社，2024. 12. -- ISBN 978-7-5136-7988-6

Ⅰ. F272.92

中国国家版本馆 CIP 数据核字第 2024AM6768 号

策划编辑　崔姜薇
责任编辑　贾轶杰
责任印制　马小宾
封面设计　任燕飞

出版发行　中国经济出版社
印 刷 者　北京富泰印刷有限责任公司
经 销 者　各地新华书店
开　　本　880mm × 1230mm　1/32
印　　张　7.75
字　　数　167 千字
版　　次　2024 年 12 月第 1 版
印　　次　2024 年 12 月第 1 次
定　　价　58.00 元
广告经营许可证　京西工商广字第 8179 号

中国经济出版社　**网址** http://epc.sinopec.com/epc/　**社址** 北京市东城区安定门外大街 58 号　**邮编** 100011
本版图书如存在印装质量问题，请与本社销售中心联系调换（联系电话：010-57512564）

PREFACE 前言

上下同欲者胜，一个企业的精气神儿，来自员工的价值认同。

翻开中国企业波澜壮阔的创业史、发展史，对企业员工，尤其是央企员工而言，胸怀家国、紧跟党走、爱企如家始终是最为朴素的情感凝聚。正是有了这样的凝聚力、向心力，我们才能够在短时间内实现从追赶到跟跑再到超越的艰难历程。

沧海横流，时光巨变。在互联网、数字化、信息化日新月异的今天，每个员工都多了一重网络身份，而且“网络人”在互联网上的生活环境日益复杂多变。提升党在网络空间的影响力，进而形成强大的领导力，已经成为央企亟待解决的新课题。

员工关注所向，就是思想工作的最前沿；员工步履所及，就是新闻舆论阵地的第一线。身处信息网络化、思想多元化、传播全媒化的时代，与其四处追赶、多线作战、顾此失彼，不如在浩瀚无垠的互联网上建起员工的网络家园、学习课堂、心灵港湾、精神坐标、文化源点和交流平台，用平易近人、生动活泼、形式新颖的宣传文化“套餐”吸引员工、滋养员工、成就员工、服务员工，把中国石化的广大员工紧密联系在一起，找到凝心聚力的抓手。

领导力来自吸引力、服务力。从2017年上线运行，到2019年更名“奋进石化”，经过6年实践，我们将理论探索、平台拓展与阵地建设融为一体，建成了中国企业最大的员工内部平台、企业微信，在复杂多变的形势下发挥了稳人心、聚士气、指方向的重要作用，在网络空间打造了一个员工喜闻乐见、企业受益良多、党组放心认可的全媒体思想教育主战场，好看、实用、及时、有料成为它的平台底色。

员工认可、接受、乐见、悦享，就是对平台最大的认可，也为企业如何“与员工交朋友”提供了一条可见彼岸风景的通途。

从那边风景独好到处处桃李芳菲，总要有人种下第一棵树，方能开出第一朵花，结出第一颗甘美的果实。

2024年10月1日

CONTENTS 目录

第三章 运行探索

第五章　企业内部学习平台的经验与成效

第一章

背景与意义

党的十八大以来，党中央对网信工作的领导全面加强，习近平总书记高度重视网络安全和信息化工作，从信息化发展大势和国际国内大局出发，深刻回答了一系列方向性、根本性、全局性、战略性的重大问题，形成了内涵丰富、科学系统的党中央关于网络强国的重要思想。

在新的时代背景下，作为企业宣传思想工作创新的产物——企业学习平台应运而生，并在推动企业高质量发展中，具有显著的现实意义。

一、宏观背景

（一）建立教育与学习型组织的必应之需

随着社会发展和知识更新速度的加快，终身教育成为个人和组织持续发展的必要条件。现代员工追求个性化的学习体验，终身学习的理念也日益普及。企业作为社会组织的重要组成部分，建设学习平台是响应终身教育需求、创建学习型社会和国家的重要环节，它支持个体在整个职业生涯乃至个人生活中持续学习和成长，满足快速变化的经济和社会对知识更新和技术进步的需求。学习平台通过提供灵活的学习路径和多样化的课程内容，使得不同背景和需求的学习者都能获得所需的教育资源，从而推动教育的普及化和个性化。此外，学习平台还能促进知识的传播和创新，加强社会成员之间的交流与合作，构建起开放、互动、共享的学习环境。它不仅为个人提供了适应未来工作变化和实现自我发展的机会，而且为企业和社会培养了急需的人才，支持了社会的整体进步和可持续发展。

（二）媒体融合发展的必然趋势

新媒体庞大的用户群，使其成为一个巨大的舆论场，它利用数字技术、网络技术，通过互联网、宽带局域网、无线通信网、卫星等渠道，以及电脑、手机、数字电视机等终端，向用户提供信息服务，且因其特有的交互性、即时性、便捷性，新媒体已成为人们获取信息的重要途径和手段。

如何在错综复杂的网络环境中，把握全系统数万乃至几十万员工的思想动态，掌握意识形态主动权，为企业高质量发展提供坚强的思想引领和有力的舆论支撑，成为企业宣传思想工作者思考最多的问题。

对此，要不断增强图文展现形式的生动性，提升新时代主流意识形态的魅力；要讲好“身边好人故事”，注重传播正能量，大力弘扬真善美，确保素材根植于工作生活，故事主人源于群众，故事意义指向日常；要获取专业、权威、可信赖和现代性、生活化、优质化的信息，以满足广大员工对日益增长的物质文化生活的需要、对美好生活的向往，从而在新媒体领域打造出主流意识形态的话语阵地。

（三）提升企业核心竞争力的必由之路

学习平台可以帮助员工理解企业的战略目标和业务方向，确保培训内容与企业战略紧密相连，从而支持业务战略的有效实施。学习平台为员工提供了一个系统化和持续学习的环境，从而促进知识和技能的不断更新。通过学习平台，企业能够培养员工的创新能力和解决问题的能力，这对推动企业的长期发展和维持竞争优势具有重要作用。此外，学习平台还能加强团队合作和跨部门沟通，促进知识共享和组织学习，这有助于形成持续改进和创新的企业文化。同时，学习平台的数据分析功能可以帮助企业更好地了解员工的学习需求和培训效果，从而实现精准培训和人才发展，提高人力资源的利用效率。

（四）优化培训提高效率的必要措施

传统的线下培训成本高昂，效率有限。建设学习平台能显著优化培训成本与效率，它通过数字化和集中化的培训资源，减少了面对面培训的需求，从而降低了相关的物流、场地和人力成本。在线学习系统允许员工根据自己的时间表和学习节奏进行学习，这种灵活性提高了培训的可达性和参与度。同时，学习平台可以自动跟踪学习进度和成绩，减少了管理者在监督和评估上的行政负担。此外，利用人工智能和数据分析技术，学习平台能够提供个性化的学习推荐，确保员工获得最精准和最有效的培训，这样可以更快地提升员工的技能熟练度和知识水平，加速投资回报。集中的培训内容管理和快速的内容更新机制，也使得企业能够及时应对市场和技术的变化，保持培训内容的时效性。

（五）应对快速变化需求的必争之机

在快速变化的市场环境中，企业需要不断地适应和创新。在激烈的市场竞争中，企业必须不断地提升员工的专业水平和创新能力，以保持竞争优势。建设学习平台能迅速响应市场变化，通过提供即时更新的培训内容，帮助员工掌握最新的行业知识和技能，从而保持企业的竞争力。这种具有灵活性和可扩展性的学习系统，使企业能够快速调整培训计划以适应新的市场需求，同时促进员工的个人成长和职业发展。学习平台的数据分析功能可以揭示员工的学习习惯和培训效果，为企业制定更有效的人才培养策略提供依据。通过这种方式，企业不仅能够应对当前的挑战，还能为未来的市场变化做好准备。

案例

中国石化江汉采油厂以新媒体为平台，探索宣传思想工作的新方式、新方法、新观念已成当务之急。首先，江汉采油厂拥有员工近5000人，员工的年龄层次、行为心理、价值观呈现多元化、复杂化，“众口难调”，传统的宣传方式很难满足员工的需求。其次，企业处于低油价的“寒冬”期，随着油公司体制机制建设的深入推进，各类新矛盾、新问题也随之涌现，这就要求我们必须运用好新媒体，不断加强和改进宣传思想工作，为油公司体制机制建设营造良好的舆论氛围。最后，随着信息技术的创新发展，新媒体已走入普通员工生活，成为员工获取信息的重要平台。如果宣传思想工作不与时俱进，不去主动占领这个平台，就会落后于时代，落后于员工需求。

（六）促进企业文化建设的必做之选

建设学习平台是推动企业文化建设的重要途径，它能够加强员工对企业价值观和使命的认同，通过共享知识促进团队合作精神的培养，激发创新思维，提高工作绩效，并增强员工的参与感和归属感。此外，学习平台还能作为培养领导力、管理技能的基地，确保员工对企业战略有清晰的理解，构建持续学习的文化氛围，支持员工个人发展，而且其作为沟通渠道，可以加强管理层与员工间的交流，提升企业品牌形象，构建适应性强、灵活的企业文化。

综上所述，企业建设学习平台是适应时代发展趋势、提升企业综合实力、实现企业可持续发展的关键措施。

案例

新媒体在油区宣传思想工作中的应用与思考（节选）

与书籍、报纸、电视和广播等传统媒体相比，新媒体的主要特点是不受时间、空间限制，各类信息可以“零延迟”、无“盲区”地传达到终端。它与传统媒体相比，主要有以下几个方面的优势。

新媒体平台能够实现宣传思想工作全覆盖。作为油气生产单位，受开发区域和石油勘探的限制，油田员工队伍地域分布广、不易集中。以江汉采油厂潭代采油管理区为例，员工分布在潜江、天门、仙桃、荆州、黄冈等地，在省外则有重庆涪陵、山东清河、陕西坪北等区块。传统的宣传思想工作平台在传播条件的制约下，无法实现对员工全覆盖，而采取新媒体平台，通过功能多样的通信软件、App，可以实现油区所有员工的互通互联，不再受地域限制。

新媒体平台是宣传思想工作的巨型“数据库”。传统的宣传思想工作往往以纸质书籍、报纸等为载体，成本高、承载信息量少、中转环节多。新媒体平台的信息依存，具有“信息化”的特点，没有实体特征，但能够通过屏幕终端如实显现。其海量的信息借助服务器依存在终端电脑或服务器硬盘之上。从理论上说，其信息的存储量是没有上限的，成本极其低廉，还具有即搜即用的特点，这些是传统宣传思想工作平台所无法企及的。

新媒体平台能够有效提升宣传思想工作时效性。宣传思想政治工作一个很重要的方面，就是及时把最新的政策信息传达下去，把油区最新的信息传播出去，让员工了解企业政策、形势大事，主动支持和参与企业改革发展。在信息送达上，传统媒体方式涉及审稿、排版、印刷、制作等环节，程序多、成本高，信息传递严重滞后，一些边远队、边远站，或者是外部施工队伍，往往慢一拍。而通过新媒体平台，所有信息可以在第一时间发送，接收者能够同步收到信息，宣传思想工作的时效性得到大幅提升。

新媒体平台使宣传思想工作更加“接地气”。员工有什么想法、员工有什么需求、员工有什么困难，掌握这些信息，是我们做好宣传思想工作的前提和基础。传统的方式是“我问你答”“我说你听”，员工群众被动接受，我们接收到的信息未必是员工的真实想法。而新媒体平台具有双向互动的特点，我们可以从多个渠道与员工互动交流，了解员工思想现状，及时把握员工心理，使宣传思想工作更加“接地气”。例如，目前油区建立的党支部QQ群、员工兴趣群等，能够通过群内交流，掌握第一手资料。

新媒体平台使宣传思想工作更具“吸引力”。与传统媒体相比，新媒体平台具有声音、图片、文字、视频、漫画、段子等多种表现形式。页面制作工具H 5，不仅形象生动活泼、临场感强，而且为了适应网络传播的特点，在制作风格上也是百花齐放，可以用多种技术手段实现各类特效，具有浓厚的时代感和趣味性，一些相对“枯燥”的信息经过加工，也变得喜闻乐见，对员工的吸引力极大增强。

二、重要意义

（一）夯实企业高质量发展的理论根基

企业学习平台是知识、技术及技能水平整合提升的重要途径，通过广泛应用新媒体构建智能学习环境，搭建一个统一的企业信息管理系统，实现“组织与员工、组织与组织、员工与员工”的连接。

学习平台专门设置了理论学习模块，目的是及时学习贯彻党中央精神和中央重要会议精神，夯实企业高质量发展的理论根基，营造良好的学习氛围，推动学用转化，促进企业持续建设学习型组织，成为内塑文化、凝心聚力的有力抓手，为企业增强核心竞争力、迈向高质量发展提供坚强的思想引领、科学的理论指导和强大的精神动力。

同时，学习平台及时发布基层党委书记理论学习心得体会，及时宣传基层经验做法、工作成效，推动形成“比学赶帮超”的工作态势，营造推动企业高质量发展的浓厚氛围。

（二）贯彻企业党组织决策部署的主阵地

宣传思想工作的重要方面之一是及时传达企业最新政策和动态，确保员工了解企业政策、形势大事，积极支持并参与企业改革与发展。在信息传递方面，传统媒体方式存在审稿、排版、印刷、制作等环节，程序烦琐、成本高，信息传递滞后，尤其对边远队、边远站或外部施工队伍，存在延迟问题。

相比之下，新媒体平台能够实现信息在第一时间一键送达，使企业决策能够迅速传达，企业行动能够快速呈现。这种方式实现了上情下达、下情上达，促进了企业资源共享、经验共享和信息互通。员工通过新媒体学习平台实现技术技能提升和知识能力更新，从而提高工作能力和效率。这一切促使企业整体提升生产经营和管理水平，显著提高宣传思想工作的时效性。

（三）创新宣传思想工作的全新探索与实践

网络平台的主要特点是不受时间、空间限制，各类信息可以“零延迟”、无“盲区”地传达到终端。

新媒体平台的海量信息借助服务器依存在终端电脑或服务器硬盘之上。从理论上说，其信息的存储量是没有上限的，成本极其低廉，还具有即搜即用的特点，这是传统宣传思想工作平台无法企及的。

基于“学习者”的视角，新时代企业网络学习平台是一种自我的积极参与，是一种全新的学习体验。依托网络新媒体对全体员工进行互通互联，能够迅速实现信息传递全覆盖。企业处在意识形态斗争的前沿阵地，需要把员工的思想建设与管理摆在重要位置，树立互联网思维，强化“互联网 +”的意识，加强网络平台建设，抢占网络宣传主阵地，占据主流声音制高点，把员工群众紧紧凝聚在党组织周围，推动互联网这个“最大变量”释放助推企业高质量发展的“最大正能量”。

（四）应对新时代员工思想多元化新变化

在竞争激烈的市场环境下，员工综合能力不断提升成为推动企业高质量发展的关键因素。

在新时代的条件下，员工所需的学习环境已经不仅是学习场景的拓展，还应当是学习方式的根本转变。相对于传统的集中式培训，企业学习平台上的培训学习具备更强的灵活性，其可以随时进行，由此学习频率迅速提高。通过丰富多样的学习资源和培训方式，企业能够全面提升员工的综合能力。这种灵活而多元的学习模式有助于适应不断变化的市场需求，为员工提供更加全面的知识和更加深入的学习体验，有力促进员工各方面综合素质提高。

1.“温润入心”更有效

在信息化时代，员工接受信息的渠道更多样，思想更加多元化、个性化，再用以前“大水漫灌”“我说你听”“我打你通”的老办法已经行不通了，并且员工所在地域分布范围广、集中不易，传统的学习方式在传播条件、学习形式等多重制约下，成本高、承载信息量少、中转环节多，无法实现对员工的全覆盖。

互联网新媒体平台的信息依存具有“信息化”的特点，其没有实体特征，但能够通过屏幕终端、移动手机、平板电脑等如实显现。采用企业学习平台，通过功能多样的软件、App，可以实现所有员工双向互通的联系渠道，不再受地理位置、时间、空间限制，在新媒介上搭建与员工有效沟通的方法和载体，实现从“一对多”向“点对点”的转变。

案例

凝聚人心汇聚力量　共塑美好网络空间

11月21日，2023年浙江网络文明大会在杭州举行。网络文明是新形势下社会文明的重要内容，是建设网络强国的重要领域。主流媒体应当如何探求网络文明建设的时代答案呢？针对这一问题，浙江日报报业集团副总编辑、潮新闻总编辑王水明结合浙报集团的实践、探索，发表主题演讲。

2月18日，潮新闻客户端上线，目标是让主流媒体在网络空间形成强大影响力、竞争力。王水明认为，作为主流党媒，凝聚人心汇聚力量，共塑美好网络空间，责任重大。

“做强平台阵地，抢占网络空间的话语权。”王水明表示，浙报集团进行“三端合一”改革，举全集团之力打造潮新闻客户端，构建网络舆论阵地，是推动主力军全面挺进主战场的重大改革举措。在网络空间与亿万民众共同打造精神家园，画出更大的同心圆。潮新闻将壮大成为“自主可控平台”，重塑适合全媒体生产传播的组织架构、管理体制、工作机制，打造新型传播平台，既有强大的优质内容生产能力，又有技术支撑，赋能客户端迭代升级，并拓展多元运营模式。

“以用户为中心，营造清朗、健康的网络空间。”王水明介绍，潮新闻创新打法，到互联网阵地上抢人，有用户才能做大事；走群众路线，邀请媒体、机构、潮客、高端创作者入住潮鸣号，营造烟火气。潮新闻的定位是深耕浙江、解读中国、影响世界，明确“要当国家队”，提出“全国热点发出浙江声音，浙江热点引导全国舆论”，集中优势打造一个具有超级用户、适应移动互联网阅读、代表浙江声音的全新主流媒体。2023年“五一”，杭州西湖的“最美人墙”成为热门话题。潮新闻搭建用户爱来、常来的“数字社区”，牵线成立第一个“小伢儿停车场”，给儿童推车和滑板车找到停车位，共绘杭州城市文明的风景。

“创新策划重大主题报道，要有新气象新作为。”王水明说，浙报集团开设“第一视点”专栏，报端联动，深入讲好习近平总书记的故事，阐释习近平新时代中国特色社会主义思想，呈现浙江贯彻“八八战略”的生动实践。潮新闻也抓住重要节点、重大活动，用报道、运营来激活用户。亚运期间报道全网传播超百亿，亚残运报道全网传播25亿。在世界互联网大会乌镇峰会、进博会报道中，潮新闻专访20余位国际国内嘉宾，彰显全球化发展自信。

图 1.1　2023 年浙江网络文明大会

“持续打造正能量品牌 IP，滋润人民精神世界。”王水明提到，主流媒体需要坚持走网上群众路线，营造良好网络生态，对互联网上“后真相”时代、“弱传播”现象、“回音壁”效应等新特点，主动应对，引导网络舆论。潮新闻提出，像对待朋友一样对待每一位用户，敞开心扉、真诚待客，打造了一个个正能量品牌 IP，共同推进网络文明蔚然成风。2023 年，潮新闻客户端开设“小哥之家”专区，线下挂牌“小哥之家”服务点，拓展到北京、成都等城市；与浙江开放大学打造“小哥学院”，赠送免费入学名额。

浙江是中华文明的重要发源地和互联网大省，在加快推进网络文明先行区建设之际，王水明发出倡议：“建设网络文明，是我们共同的责任和使命，潮新闻愿与大家一起努力，共同凝心聚力、引领风尚、丰富人民精神世界，为建设美好网络空间贡献担当。”（来源：潮新闻）

2.“解疑释惑”新载体

“互联网＋宣传”不是把传统媒体的内容直接搬到网上、新媒体上，而是把互联网作为平台，以新媒体规律来谋划宣传工作，创建解疑释惑的“新载体”。

面对企业员工年龄层次、行为心理、价值观呈现出的多元化、复杂化等特点，传统的信息传播方式很难满足员工的精神需要，而新媒体平台通过功能多样的传播渠道，与员工互动交流，互通互联，能够及时把握员工思想和心理状态，使宣传思想工作更“接地气”，从而有效发挥宣传工作的思想引导和解疑释惑作用。

案例

以新媒体为载体，实现高效传递

中国石化作为中央特大型国有企业，员工超过80万人，不仅遍布全国各地，而且分布在海外多个国家。同时，管理层级多，上级精神往下传达时，难免存在“跑冒滴漏”、信息逐级衰减现象，迫切需要策划加强网络平台建设，打通上级与员工直接沟通的桥梁，达到信息一推送，每名员工就能在第一时间收到的效果，实现“逐级传讲”向“一键送达”的转变，让中央精神、党组声音直达每名员工，使信息传递更及时、更高效、更直接。

一、构建统一平台，宣传“一网打尽”

新媒体和传统媒体，其本质都是传递信息、表达理念，二者最大的区别就在于表达方式不同。“奋进石化”是按照国资委“互联网＋宣传”要求，面向集团内部员工开通的思想教育平台，共实名绑定内部员工80万名，日均访问人次18万，是中国石化运用新媒体深入学习宣传习近平新时代中国特色社会主义思想的“先锋号”。平台以“主平台＋子平台”为格局，即“公司总部＋所属企业”，构建了一个上下贯通、信息互享的“网络信息生态圈”，特别是企业子平台的建设运行，打通了总部与企业间的信息障碍。目前平台已为131家直属单位开通了子平台，切实增强了宣传思想工作实效。各单位充分利用平台开展问卷调查、网络评选等活动，使之成为内容丰富的“线上活动平台”，为企业高质量发展增动力、添活力，取得良好效果。

二、利用多方发力，聚力正向传播

网络平台的传播包括正面传播和负面舆情应对，网络舆情的产生具有其偶然性和必然性。在日常运营中，新媒体平台一个很重要的工作就是研判日常信息，尤其是改革期、轮换期，以及涉及员工利益的政策发布前后，对有可能产生舆情的热点、员工关注的焦点，要充分利用新媒体平台把握好正确的舆论导向，牢牢占领网络阵地，抢在负面舆情形成之前，主动且及时地解释政策，把准确的信息第一时间发送到每名员工手中，新媒体平台在解疑释惑、澄清谣言、化解矛盾、增进理解、化危为机等方面发挥独特作用，成为企业与员工沟通的桥梁纽带。在运营机制上，制定应急发布机制，建立舆情监测平台，24小时实现对微博、微信、客户端及论坛的不间断监测，第一时间发现不良信息，并根据其内容、来源、形式，有针对性地进行引导，力求取得“黄金八小时”的信息主导权，引导危机回应方向，增强舆情处置引导力。同时，开展应对机制学习培训、进行互动交流，实现对企业员工的全面覆盖和有效影响，将“奋进石化”学习平台打造成企业开展形势任务教育的重要阵地。

三、整合学习资源，形成整体动力

新媒体最大的吸引力就是元素多样、引人入胜的表现形式，包括文字、特效、图片、配乐、视频、漫画等，都可以成为新媒体编辑元素，这也是吸引眼球、满足员工多元化需求的重要因素。平台开办以来，坚持把学习宣传贯彻习近平新时代中国特色社会主义思想作为首要政治任务，推动党员干部用新时代党的创新理论武装自己，教育群众。定期发布政治理论学习文章，引导干部员工运用科学理论指导实践，增强推动高质量发展的能力。鼓励各单位充分利用各类新媒体开展宣传思想工作，推动新媒体阵地迅速发展，促使企业新媒体平台成为传播党的理论、宣传党的主张、贯彻党的决定、凝聚干部员工的重要平台。同时，加强新媒体在宣传工作中的考核，推动各单位用好新媒体矩阵，整合平台特点，形成多层级传播格局，凝聚起正面宣传的蓬勃力量。

3.“糖衣”“药片”双辅助

要完成企业学习平台的关键任务，还需处理好“糖衣”与“药片”的关系。

“糖衣”是新媒体的手段，如搞活动、抽奖、答题等，目的是让大家觉得有甜头儿，都来吃糖。但“糖衣”里要裹着

“药片”，新媒体宣传最终的目的还是要输送理论武装、形势任务教育这些“药片”，壮大主流舆论声音。

“糖衣”“药片”两者要相辅相成，统筹兼顾，既不能为了吸引粉丝，天天抽奖送礼、搞娱乐活动，也不能“药片”天天发，搞硬性灌输，否则平台就失去了吸引力。

利用企业学习平台积极策划并组织职能部门和基层单位定期举办各类生动活泼的活动，比如通过子平台进行活动直播和抽奖。这一巧妙的组织形式不仅丰富了平台内的趣味元素，还有效提升了平台的吸引力。不仅为平台的持续活跃提供了有力的支持，也深化了员工对学习平台的认知，提升了员工参与活动的积极性，为打造更加有活力和富有互动性的学习环境提供了有益实践。

（五）快速适应当前各项数智融合的新要求

当前，媒体格局、舆论生态、受众对象和传播技术无不发生深刻变化，《中国互联网络发展状况统计报告》数据显示，截至 2024 年 6 月，我国网民规模近 11 亿人，较 2023 年 12 月增长 742 万人，互联网普及率达 78.0%，已经呈现人人传播、多向传播、海量传播的全新态势。

案例

专访清华大学教授陈昌凤：

数智化融合是媒体深度融合的新阶段丨求解智媒新未来

随着智能媒介技术的快速迭代，报刊、广电等传统媒体一直在急剧变革。如何应对这种变革？不少媒体选择了融合战略，平台型媒体、“中央厨房”正是对媒体融合的探索。对此，清华大学新闻与传播学院教授陈昌凤认为，媒体融合是必然趋势，但是融合还需要深入，数智化融合正是媒体深度融合的新阶段。

自2013年“加快传统媒体和新兴媒体融合发展”在全国宣传思想工作会议上被提出以来，媒体融合在中国主流媒体推进已有10年。这10年间，传统媒体的独立形态、碎片式架构逐渐被消解、融汇成“媒介多元体”矩阵。

陈昌凤认为，在媒体融合的前半程，建设的主流是数字化，新媒体的出现和普及陆续更迭了传统的纸媒阅读和发行方式，在视听表现和资料存储上都呈现出数字化的特征，保存了较为丰富的媒体档案资料，运营流程也更加统一高效。而媒体融合的下半程正是数智化，人工智能技术奇袭了传统的传播生态，带来结构性而非功能性的变革，人不再是单一的传播主体，生成式人工智能的迅猛发展更是重构了新闻生成流程，革新了新闻工作机制，并对新闻理念和机构产生结构性冲击。技术的变革驱动新闻策、采、编、审、发、评全流程、全链条数智化变革。

“从数字化到数智化，是媒体融合走向深度融合的必然路径。”她说。数智化融合作为媒体深度融合的新阶段，有着区别于数字化转型时期的全新特征，主要包括融合引擎、生产流程和传播生态的全方位升级。

在陈昌凤看来，进入智媒时代，新闻传播生态发生着颠覆性变革。媒体不再是即时消费品，将成为一种基础设施，它是有长久功能的实物，承载着源源不断的数据流——每日每时通过各种渠道采集的信息汇入其中，可以存储、调用、链接、分享、互动交流，可以通过标签化结构化建立信息与信息、信息与用户、用户与用户的节点化多层次连接关系。

“数据是未来媒体行业发展运作的‘石油’。”她解释道。传统媒体依据新闻价值单方面进行消息播发所产生的影响式微，数据驱动是智能媒体最底层、最根本的动力逻辑和存在逻辑。当然，数智化融合中的数据驱动并不单一表现在资讯分发上，还表现在新闻信息采集、用户体验反馈、媒体资源建设等多个层面。（来源：封面新闻）

（六）满足员工对美好生活的新期盼

在职场中，不同的平台赋予员工差异化的展示舞台，因而呈现出不同的精神风貌和工作成效。

这些平台不仅包括岗位平台和职务平台，还涵盖了学习平台。通过企业学习平台提供的学习机会和优质资源，员工得以展开学习、实践、分享和总结，不断升华学识、能力和认知水平，从而更好地实现个人价值，提升对美好生活的体验和感知能力。

具体而言，企业学习平台为员工提供了丰富的学习资源和实践分享机会。与此同时，平台也构建了企业高质量发展与员工自我成长相辅相成的渠道，特别是在促进青年职工成长和推动企业发展方面，具有重要而深远的意义。这种逐层深入的平台布局不仅加强了员工的专业素养，同时为企业提供了人才储备和发展的坚实基础。

案例

奋斗出成果，前进悟收获

作为中央企业，中国石化既要践行“为美好生活加油”的企业使命，又要为企业员工创造更好的生活条件。但是，中国石化企业在全国各地分布广泛，点多、线长、面广，还有不少项目在海外，如何让员工享受企业的关心关怀，如何打造一个专属内部员工的幸福、和谐、温暖的“精神家园”，迫切需要借助互联网的力量，联系每一个工作岗位，联系每一名员工，增强员工的归属感。“奋进石化”平台正是几十万名员工的网上大家庭，员工在工作生活中有心理疙瘩，可以通过平台进行心理咨询，还可以参与K歌、晒图、拍短视频等互动交流活动，丰富业余文化生活。

一、指向引领，创新答疑解惑新方式

围绕改革发展中的重点、难点问题，我们充分发挥平台快捷高效、渗透力强的特点，及时做好引领式教育，对统一员工思想具有很强的现实作用。比如，自主题教育开展以来，围绕中央精神学习，开辟动态专刊，强化思想引领；围绕以学促干，调研成果转化，创新创造，推动高质量发展等主题，开辟“以学促干”“特色学习大比拼”“如果我是铁人我会怎么做”等专题专栏；围绕风控内控、风险防范，推送典型经验、政策法规及内控手册，帮助大家理解工作要点，受到员工欢迎；发布《会计人员职业道德规范学习宣传微视频大展示》，解答员工的疑惑，有力推动新时代会计职业道德建设工作。

二、特色栏目，围绕生活氛围添地气

平台在强化学习、推动工作的同时，开设“精品团购”“互动天地”等生活服务、休闲娱乐类栏目，让员工在生活上得到实惠、尝到甜头儿。同时，也让每名员工都参与消费扶贫，贡献自己的一份爱心。比如，新疆岳普湖县，作为中国石化6个定点扶贫县之一，具有红枣栽培得天独厚的条件，却因销售渠道有限，导致枣子丰产不丰收。平台联合石化团购网，组织“扶贫大枣”员工团购活动，销售大枣3吨，解决了当地大枣销售难题。“互动天地”中“石化抖音”“石化艺苑”等互动性、参与性较强的板块，可以给员工提供拍视频、晒照片、秀才艺的舞台，既愉悦了身心，又营造了团结奋进的企业氛围。

三、人性关怀，增强和谐促进力

近年来，我国以抑郁障碍为主的心境障碍和焦虑障碍患病率呈上升趋势，国家提出了“健康中国行动”。根据新的形势和员工健康需要，平台把员工帮助计划（EAP）工作搬到“网络空间”，通过线上做一人一事思想工作，为员工提供全天候24小时心理健康咨询服务。除电话预约心理咨询外，还开通了匿名在线咨询板块，为员工解决职场困扰、婚姻家庭、亲子关系、个人心理等诸多问题。新冠疫情防控时期，平台第一时间开通24小时心理热线，举办“心福快车”直播课，还发布了200余篇心理调适主题文章，包括疫情下的情绪管理、家庭经营、睡眠调节等。同时，随着海外疫情的蔓延，针对境外员工关心的问题设计“十大特色心理课”，该课程受到广泛欢迎，上万名境外员工参与互动。

第二章

功能设置

按照国务院国资委“互联网＋宣传”工作要求，越来越多的企业学习平台基于新时代思想政治工作需要而产生，其因有效利用新媒体，应用各种网络功能，设置多个插件应用，形式生动活泼，员工喜闻乐见，能够动态管理，成为组织引领和团队凝聚的新天地。

中国石化的“奋进石化”平台，通过开放接口，实现与公众互联网的连接与服务，成为目前中国最大的企业号、黏性极强的员工掌上家园。平台总关注用户近 79.8 万人（包括离退休等），基本实现全覆盖，年均点击量近 6000 万次。

图 2.1　“奋进石化”平台简介

一、总体框架

（一）设计思路

企业学习平台的设计思路是基于智能手机，以覆盖全员的多层级统一通讯录为员工开通账号，以其科学的平台架构、丰富的插件应用和高效的运营管理，形成全覆盖、全方位、全天候、全过程的企业宣传舆论矩阵，实现统一平台、连接各方、同频共振、内增动力、安全稳定、全员共享的舆论"生态平台"。

（二）技术支撑

学习平台由企业总部统一建设，以增强组织引领力为目标进行总体架构设计，各部门和单位共享并依托平台的硬件、网络、用户资源开展单位自身的运营活动。

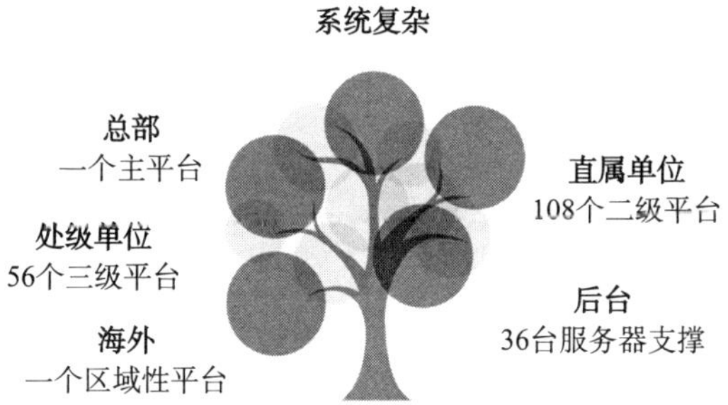

图 2.2 "奋进石化"平台主体架构

（三）主要模块

以“奋进石化”平台为例，主要设置了新闻来了、热点解读、心福咨询、安全石化、绿色石化、共享吧、互动天地、精品团购等栏目，集思想动态调研、形势任务教育、在线心理咨询、重大新闻发布和员工喜闻乐见的文体生活互动于一体。

平台建设形成了“主平台 + 分平台 + 子平台”的格局，相当于“总部 + 业务部门 + 企业”。

“主平台”作为主体，其工作对象是企业全体员工。“分平台”则聚焦于业务部门的线条工作。例如，与安监局联手打造“安全石化”，助力全员安全意识提升；与能环部合作打造“绿色石化”，推动绿色生态和低碳循环发展；与企改部联手打造“风控内控”，深度解读制度内涵，推进内控应用。同时，与人事部和共享服务公司合作，推送集团公司内部招聘和业务竞赛信息。“子平台”则主要服务于下属企业，即主平台将现有功能“复制”给二级和三级企业。这使得企业能够根据自身需求拓展功能，发布独立的新闻资讯、思想动态，提供员工建议，组织政治学习、形势教育、答题活动，以及进行网络直播等。这些子平台的工作对象主要是本单位的员工。这一层次逐渐深入的组织结构，为全员提供了更广泛、更个性化的服务和信息，形成了一个多层次、全方位的学习平台网络。目前已经开通 158 家二级单位子平台。

无论是条条还是块块，学习平台的主要功能都拓展给企业免费使用，避免了信息化平台的重复建设，不但节约了运营成本，还提升了工作效率。

1. 新闻来了

“1分钟了解应知欲知大事”，让员工轻松了解国家、公司、行业大事，以及社会趣闻和生活服务等，烹饪好面向全体石化员工的“新闻早餐”。本栏目内容采用文字和语音播报的方式展现给读者，新闻内容每个工作日进行更新。员工既可以采用阅读文字的方式浏览新闻，也可以采取听语音的方式了解新闻，两种形式可以满足员工的不同阅读习惯，丰富员工的学习体验。

图 2.3 “奋进石化”平台“新闻来了”栏目截图

（1）头条新闻

介绍国内最新的热点新闻，并附“深度阅读”相关链接，读者可以通过链接对该新闻进行详细了解。

（2）集团新闻

对集团公司层面最新发生的重要事件进行报道。

（3）企业动态

介绍集团公司上、中、下游企业新近发生的最新资讯。

（4）行业信息

介绍国内外石油、石化行业最新进展和相关动态。

（5）社会万象

介绍国内最新社会新闻。

（6）生活广角

介绍一些文化旅游资讯和养生小常识。

（7）企业文化故事

选编中国石化下属企业优秀企业文化小故事，并附“深度阅读”相关链接，读者可以点击阅读链接对自己喜欢的企业文化故事进行详细了解和深度学习。

2. 二十大学习进行时

本栏目坚持自上而下和自下而上相结合的原则，传递学以致用的学习导向，有新理论的思想指引、有党组的重要部署，有基层的落实落地，形成中央有声音、党组有部署、基层有行动的有效闭环。

图 2.4 “奋进石化”平台“二十大学习进行时”栏目截图

（1）重要思想

重点向广大读者介绍党中央重要会议精神和相关论述摘编。

（2）党组声音

集团公司党组学习贯彻党的二十大精神、对相关工作的安排部署和相关工作开展情况的报道。

（3）党刊精选

摘选《人民日报》《求是》等党报党刊发表的关于学习贯彻党的二十大精神的重要文章。

（4）重要阵地

中国石化各企业学习贯彻党的二十大精神相关报道。

（5）学习宣传

中国石化企业学习贯彻党的二十大精神、以学促干等方面的优秀做法和典型经验展示。

（6）基层动态

中国石化企业一线员工学习贯彻党的二十大精神的经验做法和先进典型展示。

3. 学思想、强党性、重实践、建新功

结合开展主题教育，开辟线上“学思想、强党性、重实践、建新功”专栏，深入宣传主题教育总要求，聚焦中央部署、集团要求、企业行动和媒体评论，确保主题教育宣传方向正确、纲举目张。

图 2.5　“奋进石化”平台“学思想、强党性、重实践、建新功”栏目截图

4. 热点解读

对集团公司不同时期的工作重点、热点以及企业在工作中的突出亮点工作进行报道，展现集团下属各企业风貌。

图 2.6 “奋进石化”平台“热点解读”栏目截图

5. 安全石化

本栏目通过漫画、视频等通俗易懂的方式，生动展示安全生产知识、真实事故案例，普及各岗位安全生产重要环节，练就过硬本领，坚守石化安全。

（1）班组安全

通过介绍基层班组在安全生产方面的实践和相关安全知识，提高员工的安全意识。

（2）应急队伍

通过展示各单位应急消防工作，助力提高全员安全意识和安全技能。

（3）案例分享

通过分享国内外的一些案例，达到警示、教育员工的目的。

（4）安全答题

通过趣味答题活动，提高员工参与积极性，达到员工掌握安全知识、提升应急处置技能的目的。

6. 奋进 2024

本栏目及时反映企业在经营管理、改革发展等工作中的经验做法和先进典型。

图 2.7 “奋进石化”平台“奋进 2024”栏目截图

7. 绿色石化

本栏目包含案例分享、绿色企业、绿色课堂及政策动态版块，坚持绿色低碳发展，擦亮石化企业绿色名片。

图 2.8 “奋进石化”平台“绿色石化”栏目截图

（1）案例分享

分享环境保护领域的典型案例。

（2）绿色企业

介绍中国石化各企业在加强生态环保方面的经验做法和先进典型。

（3）绿色课堂

介绍绿色环保理念及相关科普知识。

（4）政策动态

介绍国内关于节能、环保和新能源等方面的政策动态，以及企业绿色发展的科普知识。

8. 共享吧

聚焦文化品牌建设，以央媒、公众、海外视野，展示中国石化良好企业形象。

图 2.9 “奋进石化”平台“共享吧”栏目截图

（1）文化与品牌

介绍企业文化和品牌工作的经验做法和先进典型。

（2）海外之窗

分享中国石化海外社交媒体国际传播优秀帖文，让读者了解海外员工的工作和生活情况。

（3）身边榜样

展示中国石化各企业优秀员工的先进事迹。

（4）资料室

对“奋进石化”不同时期的精选作品进行展示。

（5）网络学院

与中国石化网络学院系统相关联。

（6）电子期刊

关联《中国石化》电子杂志，读者可点击进入阅读杂志。

（7）在线医生

中国石化与好大夫在线联合义诊。

（8）央媒看石化

中央媒体对中国石化的报道。

9. 精品团购

与石化员工团购网、易捷国际等平台关联。

图 2.10 “奋进石化”平台“精品团购”栏目截图

10. 心福咨询

本栏目旨在关心员工心理健康，加强人文关怀和心理疏导，有效凝聚员工合力，有力保障员工队伍思想稳定，服务员工心理健康，开展心理在线咨询，推送心理健康知识，打造心灵服务直通车。

图 2.11 “奋进石化”平台“心福咨询”栏目截图

（1）在线预约

可以选择专家进行预约。

（2）心理测评

员工可选择综合心理测评进行自我测评。员工的所有信息及测评结果将会被平台严格保密，并且不会用于其他用途。

（3）健康时讯

发送心理健康知识。

（4）一键呼

由第三方专业机构国家级资深心理咨询师为员工提供一对一电话专业咨询和辅导，员工拨打一键呼叫 400-099-8837 即可预约心理咨询。

11. 直播

组织直播活动，围绕能源发展、社会责任等主题，充分展现企业良好社会形象。

图 2.12 “奋进石化”平台“直播”栏目截图

12. 石化小喇叭

每月对“奋进石化”优秀子平台及精选作品进行展播；对直播节目提前进行预告；对集团开展的重要活动提前进行通知。

图 2.13 “奋进石化”平台“石化小喇叭”栏目截图

13. 互动天地

设置图文、音频、视频全系列，开设“石化抖音”，开展主题活动，寓教于乐。“互动天地”栏目是下情上达的“互动通道”，是员工展示风采的“石化朋友圈”，其已成为提高平台吸引力和增强粉丝黏性的利器。

图 2.14 “奋进石化”平台“互动天地”栏目截图

（1）石化抖音

播放各企业上报的短视频作品，展现员工风貌。

（2）石化艺苑

展示员工创作的散文、诗歌等文学作品。

（3）精彩活动

各企业开展的直播活动，与“直播”栏目相联通。

（4）奋进 FM

员工可以通过这个栏目收听企业具有时效性的资讯，关联“新闻来了”栏目。

14. 企业小助手

帮助新员工快速进入平台，了解企业。

图 2.15 “奋进石化”平台“企业小助手”栏目截图

（1）关注小贴士

教新员工如何使用微信扫描“奋进石化”二维码、关注“奋进石化”学习平台。

（2）用户咨询

员工遇到问题可以向“奋进石化”企业号智能问答助手进行提问，会快速获得解答。

15. 各企业二级平台

“奋进石化”通过建设二级平台（子平台）可以达到“一、

多、快、省”的目的。

图 2.16 “奋进石化”平台的各企业二级平台截图

一：一手掌控

总部一手掌控，各企业 / 部门可统一建设标准，各企业 / 部门流量汇聚一个企业号。

多：百花齐放

各企业 / 部门群策群力，百花齐放；贴近员工，各有特色；内容丰富，持续活跃。

快：快速拥有

各企业 / 部门快速拥有自己专属的、具有韧性的“奋进石化”二级平台。中国石化企业“三级平台”可基于二级平台快速搭建。

省：节省成本

各企业 / 部门能共享主平台建设成果，实现服务器、网络、平台、用户资源共享，可大幅节省新的类似平台建设和推广费用。

二、主要功能

（一）核心功能——学习教育

学习教育是企业学习平台的核心功能，通过学习教育唱响主流声音，巩固壮大主流思想舆论，是宣传思想工作的主要任务。

平台大多数栏目围绕这一功能进行设计，重点推进理论武装、形势任务教育、先进典型宣传、生产经营动态宣传等，促进企业之间互学互鉴。

企业学习平台内核为组织的网络空间，在总部统一建设的平台上，各级组织拥有专属网络空间，每个个体成员都拥有韧性网络空间，以上组织与组织成员的空间集合，形成了组织的网络空间。

（二）隐形功能——舆情管理

加强舆论管控是企业学习平台的隐性功能。

着眼于缓解现代人的精神压力，开通网络心理咨询平台，为企业员工打造一个全天候的“精神加油站”。

（三）附加功能——活动福利

企业文化是企业成员共有的价值和信念体系，市场竞争的最高层次是文化竞争。

有人说：“一流企业靠文化，二流企业靠制度，三流企业靠老板。”企业员工人数众多，创新做好互联网背景下的思想政治工作，激发广大干部、员工干事创业的热情，是企业学习平台的重要目的。

企业学习平台是内部员工专属平台，只对内不对外，具有信息精准发布、保密性强的特点。活动组织形式多样，设置有奖答题、参与抽奖、抢优惠券、晒幸福等环节。员工参与互动便捷，可以在轻松愉悦的氛围中接受思想教育，扭转过去“我讲你听、被动接受”的单一说教模式，达到寓教于乐、寓学于乐、寓管理于服务中的目的。

同时，发挥各部门、各企业自主运营的特色优势，提高发布针对性，提高平台黏性，实现信息达到率和衰减率的“一升一降”，思想建设和管理效能大幅提升，组织引领力和队伍凝聚力得到有效增强。

企业学习平台之所以受欢迎、有一定影响力，是因为其具有以下优势。

一是方便了企业上下的沟通交流，企业党组声音能直达员工，避免了信息衰减。

二是能为部门和企业提供共享服务，让大家共享平台功能，创新推动工作。

三是能提供心理咨询服务，为员工谋福利，有助于推进员工心理健康工作。

四是丰富了员工的文化娱乐生活，打造了员工的“网上精神家园”，有利于增强队伍凝聚力。

企业学习平台通过新媒体方式，给予广大员工正确的思想导向；同时，倾听员工呼声、回应员工关切，具有较强的公信力、影响力、传播力和竞争力，形成了思想政治工作线上线下有机融合的新格局。

第三章

运行探索

平台的搭建只是第一步，科学有效运行，牢牢把握各单位各层级员工的思想动态，真正打造员工思想教育的主战场，才是平台的应有之义。

一、打造理论学习“先锋号”，增强政治领导力

为加强对中央精神的宣传，学习平台可开设类似“学习强企”一类的一级板块，旗帜鲜明、及时有效地学习宣传贯彻党中央重要指示精神，助力把企业学习平台真正打造成为理论学习的重要新媒体宣传阵地和名副其实的理论学习“先锋号”。

“学习强企”板块可分成N个子栏目，按照“新思想—新部署—新实践”的逻辑顺序设置，先传播学习，随之相应部署，后看实践成效。

（一）铸魂增智的“掌心书”

通过及时转发习近平总书记重要讲话精神和重要指示批示精神，转载《求是》杂志、《人民日报》等中央媒体的重要文章，可以为广大员工提供一个便捷、高效、针对性强的理论学习平台。

1. 重要内容专题学

针对党的二十大精神学习和学习贯彻习近平新时代中国特

色社会主义思想主题教育，平台开设专题专栏，及时编发中央精神、教育动态、最新成果等，全面推动“以学铸魂、以学增智、以学正风、以学促干”。特别是，2021 年 10 月 21 日，习近平总书记考察胜利油田，2023 年 10 月 10 日，习近平总书记视察九江石化，平台第一时间转发相关内容，集中报道学习动态，积极营造学习氛围，迅速成为员工学习贯彻重要指示精神的热门平台。

图 3.1 “奋进石化”平台主题教育专题截图

2. 相关内容精选学

紧紧围绕企业安全生产、经营管理、发展规划、党的建设、社会责任等方面工作，重点展示中央关于国企改革、党建思想政治工作、安全环保、党风廉政建设和反腐败工作、脱贫攻坚、安全生产和生态文明等方面的重点要求，精选党媒党刊优质内容，为推动企业高质量发展提供理论指引、实践遵循和前进动力。

（二）擎旗定向的“集结号”

“学习强企”板块立足企业、面向员工，在传递集团党组声音、重要会议精神和重要决策部署方面，发挥着“传声扩音”的重要作用。

1. 传递及时

针对集团公司每年的年度工作会、年中工作会等重要会议、重大活动，以及党组最新动态，第一时间发布相关报道，传递相关精神，确保信息时效性。

案例

速看！集团公司2023年工作会议动漫解读

图3.2 “奋进石化”平台发布集团公司2023年工作会议动漫解读截图

扫描二维码观看视频

2. 解读精准

通过专题文章、一图读懂等方式，对重要会议精神和重要决策部署进行深入浅出的解读，增强信息传播的渗透力、感染力。平台发布的《速看！集团公司 2023 年工作会议动漫解读》《工作会议报告，这几句话值得你细细读！》等文章反响热烈，引发广大员工阅读、点赞、评论。

案例

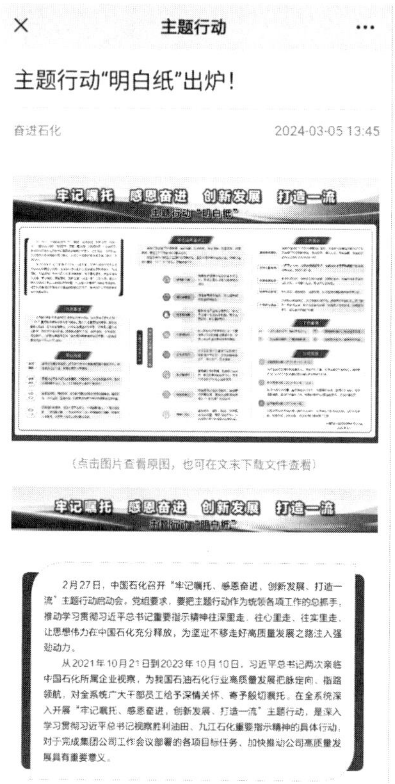

图 3.3 “奋进石化”平台发布主题行动“明白纸”

3. 整编实用

开设“党组声音”等专栏，对党组领导动态、会议精神、署名文章等重要内容进行整编，为直属单位党委开展中心组学习、落实集团党组精神要求，提供了“打开便查、拿来即用”的实用资源库。

（三）百花齐放的“展示窗”

“深学精学”，更要能“学用贯通”。企业学习平台聚焦集团公司和下属企业学习宣传贯彻习近平新时代中国特色社会主义思想的具体措施、经验做法和动态信息，集中展示各单位涌现出的各类先进集体和先进人物的事迹故事，展现“上有精神，下有响应”且“一呼百应、百花齐放”的生动实践局面。

图 3.4　中国石化各单位扎实开展第二批主题教育系列报道截图

1.“学深悟透”见思考

企业学习平台征集广大干部、员工学习习近平新时代中国特色社会主义思想的体会文章、感受心得，发布各单位党委中心组学理论的体会文章，特别是党委书记署名文章，从不同层级、不同角度，展示各单位结合自身实际的深入思考。

2.“知行合一”有案例

“知者行之始，行者知之成。”理论学习的最大价值在于指导实践，各单位坚持问题导向、系统思维，用党的最新理论成果指导工作，立足实际积极开展实践与探索。企业学习平台及时发布各单位的经验做法和工作成效，用一个个鲜活的案例促进交流互鉴，诠释“学思用贯通、知信行统一”的深刻内涵。

图 3.5 中国石化各单位扎实开展第二批主题教育系列报道截图

3. 示范引领树榜样

在学习新思想、激发新思考、开展新实践的过程中，各单位涌现出许多先进集体和先进人物。企业学习平台开设学习宣传专栏，精心编制推出“企业优秀故事百篇”“奋进之声云宣讲”等专题文章，全方位展示员工身边的先进典型事迹和感人故事，让“看见”的力量浸润企业员工的心田，引导广大员工在工作和生活中，发现榜样、学习榜样、成为榜样。

案例一

《一个人创造12项新纪录！厉害啊！》节选

1997 年，20 岁的郭涛从技校毕业，入职胜利地质录井公司。那时，洋设备说明书和软件系统里有密密麻麻的英文，为了弄明白它们的意思，郭涛把所有英文单词分类别抄写在笔记本上。大家都笑他：井上有大学生，这事用不着你。可郭涛偏不听，他查英文字典、翻专业书籍，直到问题解决。

27 年后，郭涛任职经纬公司胜利地质录井公司 SL260 录井队队长，47 岁的他仍旧是又“倔”又“轴”。

一次，在花古斜 105 井录井设备搬迁就位后，已是 20 时整。甲方验收安排在次日早上 8 时，所有仪器和设备的标定必须在当晚完成。郭涛马上带领员工进行安装检查。

23 时，到了色谱标定环节，郭涛配备和注入标准样气，观察样气曲线峰值，标定误差值显示为 10%，已达验收标准。但他依然没有停手，反复调整。

“按照企业标准，色谱标定误差值在 10% 以内就行。师父，需要这么较真吗？”一旁的徒弟董钰发出疑问。

“咱们是勘探开发的眼睛，一定要看清、看准。误差值越小，数据越精确，才能更好地落实油气资源的发现及评价。”郭涛严肃地说。

经过几十余次地调整，用了整整2个小时，终于连续两次误差值均在1%以内，确保录井仪器里的50余项地质工程参数个个精准。

图 3.6 一个人创造 12 项新纪录！厉害啊！

案例二

《气田“花木兰”》节选

涪陵页岩气田开发之初，涪陵页岩气公司技术中心地质所党支部书记、副主任葛兰是第一批参加气田会战的女同志。在2014年10月，气田投产井已达42口，产能高但递减快，急需一种科学合理的配产技术支撑高效稳产。葛兰带领团队反复试验，不断调整策略，有时为了剔除一口井的异常点，来回要跑好几趟，花费两三天时间。经过长达半年的艰苦努力，历经

48 口配产试验井、2000 多万个数据点的反复拟合，他们终于在“屡败屡战”中胜出，创立了中国首个页岩气井，全生命周期动态合理配产技术填补了国内空白，实现了页岩气开发从一张白纸到中国示范的里程碑式的跨越。

图 3.7　气田“花木兰”

二、打造政策解读“小喇叭”，增强思想引领力

企业管理层级越多，党组织指示向下传达就越容易“跑冒滴漏”，信息传递就会逐级衰减。企业学习平台让党组声音直达每一位员工。

（一）“一站式套餐”——新鲜、丰富

“新闻来了”栏目提供“一站式套餐”服务，每个工作日精选国内外要事大事，整合集团公司和全系统各单位的最新动态，新闻内容涵盖集团、企业、行业、社会、员工生活、企业

文化等，以简洁、直观的方式为员工送上“热气腾腾、干货满满、贴近员工”的信息“套餐”。

1.“习语”天天学

利用每个工作日新闻展播，开展理论“微学习”，多渠道、多方位地宣传习近平总书记的重要论述，推动党的创新理论深入人心、落地生根。

图 3.8 “奋进石化”学习平台“习语”截图

2. 时事全掌握

精选公司内外要闻作为头条，展示全系统各企业的最新动态，网罗与企业、员工息息相关的行业及社会新闻，聚焦员工生活和企业文化，精选汇编各类信息，并为员工感兴趣的信息保留了“深度阅读”的入口，让员工足不出户纵览“天下事”。

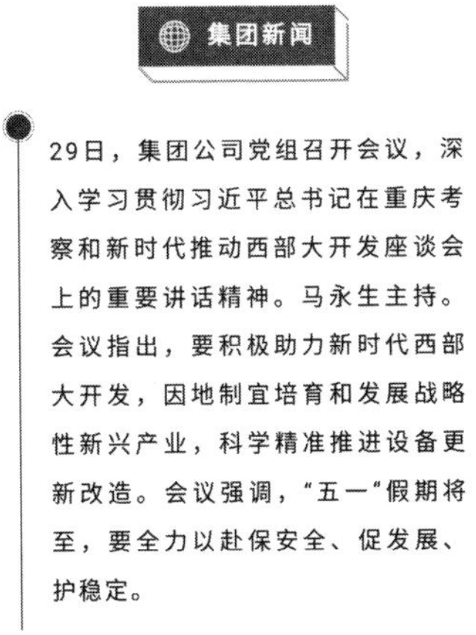
集团新闻

29日，集团公司党组召开会议，深入学习贯彻习近平总书记在重庆考察和新时代推动西部大开发座谈会上的重要讲话精神。马永生主持。会议指出，要积极助力新时代西部大开发，因地制宜培育和发展战略性新兴产业，科学精准推进设备更新改造。会议强调，“五一”假期将至，要全力以赴保安全、促发展、护稳定。

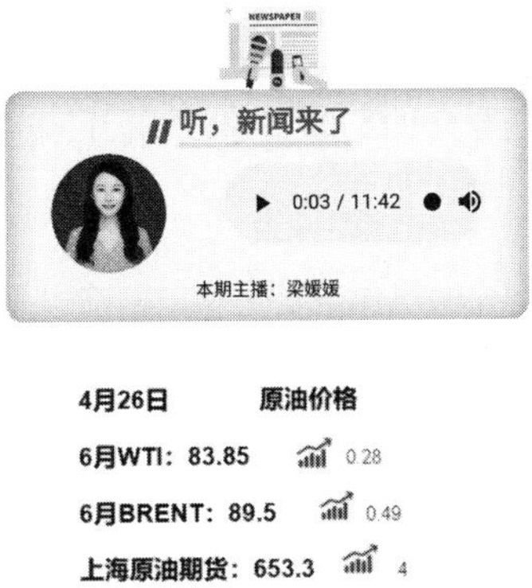

图 3.9 “新闻来了”文字内容截图　图 3.10 “新闻来了”语音播报界面截图

3. 信息早知道

除了丰富的新闻内容，每个工作日早上 7 点，平台还精心准备了要闻目录、语音播报、原油价格等实用信息，为工作繁忙的员工提供更直观、更便捷的新闻服务。

（二）“定制化套餐”——营养、对味

“解疑释惑，明辨是非”是新闻舆论工作的重要职责使命。“热点解读”栏目设置的初衷，就是要充分发挥线上平台受众广、传播快的优势，做好形势政策宣讲、热点问题解答，尤其要在解疑释惑、正风辟谣方面起到关键作用。平台针对上级精神宣贯、重点工作开展等不同需求，“定制”专题内容，开设了“热点面对面”“你问我答”等贴近员工需求的专题，及时宣讲解读有关政策，解除员工疑惑，取得了较好的反响。

比如，平台推出《为什么要搞“四供一业”分离移交？怎么搞？》，减少了谣言和杂音；推出《考核考评工作系列解读》，帮助大家理解工作要点，员工反响很好。又如，发布《财务共享是什么？费用为什么要线上报销？》，不仅解答了员工疑惑的问题，还有力推动了企业财务共享工作的顺利开展。

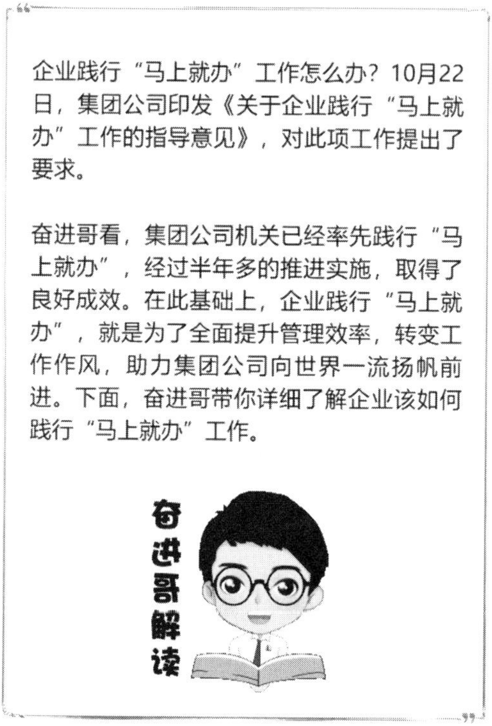
企业践行“马上就办”工作怎么办？10月22日，集团公司印发《关于企业践行“马上就办”工作的指导意见》，对此项工作提出了要求。

奋进哥看，集团公司机关已经率先践行“马上就办”，经过半年多的推进实施，取得了良好成效。在此基础上，企业践行“马上就办”，就是为了全面提升管理效率，转变工作作风，助力集团公司向世界一流扬帆前进。下面，奋进哥带你详细了解企业该如何践行“马上就办”工作。

图 3.11 “热点解读”｜企业如何践行“马上就办”？

12月21日，集团公司召开2021年度党建考核动员会，正式启动覆盖全系统的党建考核现场查验工作。集团公司党组副书记赵东作动员讲话。

这是集团公司第8年开展全系统党建考核。总部党群部门、考核组、直属单位首次同时参加动员会。各方第一时间领会要求，做到同题共答；第一时间进入角色，认真做好准备。

图 3.12 “热点解读”｜中国石化年度党建考核

三、打造教育引导“直通车”，增强干事凝聚力

企业学习平台开通后，借助网络功能，采取知识答题、网络宣讲、网上培训等灵活多样的教育引导方式，将理论学习辐射到广大干部、员工身上，该功能受到普遍欢迎。

（一）知识答题学理论

2018 年，围绕学习党的十九大精神、学习集团公司工作会议精神等，企业学习平台组织知识答题、直播，促使党的精神在基层落地生根。近年来，企业学习平台持续开展学习党的二十大精神以及网络宣传周、宪法日等答题活动，并设置抽奖环节，增强员工参与度。

企业各单位也通过子平台组织各类知识答题，落实激励和奖励措施，引导全员参与，营造浓厚的学习氛围。

（二）功能优化助学习

平台运行过程中，不断优化和丰富功能应用，可将远程教育系统接入平台，如开设“资料室”子栏目，目前，平台已成为员工学习的好去处。

同时，企业子平台开通后，把网上问卷调查、投票的权利也交由各单位使用。过去，组织问卷调查需要一麻袋一麻袋地收答卷；现在，通过平台大数据支撑，调查统计更加高效便捷。

（三）网络学习强效果

企业在组织好现场宣讲教育的基础上，可通过企业学习平台，把培训课堂搬到网上，开展专题形势任务教育网络答题挑战，持续引导干部、员工提高站位、明晰形势、压实责任，全力冲刺年度目标任务。

网络答题挑战，让形势任务更具灵活性、针对性、实效性，进一步增强学习培训效果。

案例一

【国家安全和保密宣传教育月】等您来
国家安全和保密知识有奖答题

根据中国石化《2023“国家安全和保密宣传教育月”活动方案》部署，为进一步加强国家安全和保密宣传教育，现推出有奖答题活动。

图 3.13　“奋进石化”平台国家安全和保密知识有奖答题截图

活动时间：2023 年 4 月。

答题方式：点击“奋进石化”平台，进入“国家安全和保密宣传教育月有奖答题”栏目，或扫描下方二维码，即可参与答题。

活动规则：每套答题从题库中随机产生，单选题 10 道，每题 5 分；多选题 5 道，每题 10 分，满分 100 分。答题不限次数，系统默认最高一次得分，先模拟测试再正式答题可提高正确率。

奖项设置：本次答题设置一等奖 50 名、二等奖 100 名、三等奖 800 名，共计 950 名。

一起来学习国家安全和保密知识，答题赢大奖吧！

案例二

“奋进石化”五中全会专栏等你来答题

按照党组印发的《关于深入学习宣传贯彻党的十九届五中全会精神的通知》要求，集团公司将于 11 月 16 日至 12 月 15 日在“奋进石化”平台举办“学习五中全会精神”全员答题活动。各单位要积极组织落实好，发动广大干部、员工参加答题，推动全会精神在公司落实落地。

活动时间：2020 年 11 月 16 日至 12 月 15 日。

活动对象：集团公司全体员工。

图 3.14 “奋进石化”平台学习宣传十九届五中全会精神全员答题活动截图

案例三

有奖答题来了，油田员工都来参加吧

——中原油田形势任务教育有奖答题

为深入学习宣贯公司党委四届五次全体（扩大）会议精神、油田第十届职工代表大会第一次会议精神，教育和引导干部、员工认清形势、提振信心、团结奋进，在“中国石化中原油田”和“奋进中原”平台，同时开展2021年形势任务教育答题活动，推动会议精神在油田落实落地。

参与方式：第一种，进入“中国石化中原油田”官方微信平台，点击微信中“阅读原文”，进入“奋进中原”答题界面；第二种，从微信搜索进入“奋进石化”公众平台，依次点开“奋进石化—奋进中原—活动—形势任务教育有奖答题”，进入答题页面进行答题。每期答题20道，每人有三次正式答题的机会。

温馨提示：建议大家先进行模拟测试，再正式答题，可以提高正确率哦。答题共有5期，每期抽取100人，答题满分的即可享有抽奖资格。

图3.15　中国石化中原油田形势任务教育答题活动截图

案例四

网络答题 |"打好攻坚战·再创新佳绩"主题形势任务教育网络答题（第二期）

为深入学习贯彻党的二十大精神，持续引导全体干部、员工深刻领会和把握精神实质及丰富内涵，切实把思想和行动统一到党的二十大精神上来，推动公司"13336"工程、打好"六个攻坚战"和实现"四个全面进步"工作部署落地生根，为公司在高质量发展新征程中再立新功、再创佳绩，特开展"打好攻坚战·再创新佳绩"主题形势任务教育网络答题（第二期）。

答题时间：2022 年 11 月 21 日 9:00 至 11 月 30 日 24:00，共 10 天。

图 3.16 "奋进石化"子平台开展形势任务教育答题活动截图

此次网络答题活动通过“奋进石油工程建设”平台进行。本次答题相关题目主要由党的二十大报告原文内容组成，答题知识点涵盖党的二十大精神的核心要义，“五个牢牢把握”重要要求，党的二十大报告中的重要思想、重要观点、重大战略、重大举措等内容。网络答题题型为单选题，每人每次需答题20道，时间15分钟，提交后即时生成测试成绩，每人最多答题2次，取最高成绩。

案例五

【党建阵地】思想动态调查问卷等你开启

按照中国石化印发的《关于开展员工思想动态线上调研的通知》《关于开展团员青年思想动态调研的通知》的要求，结合集团公司“牢记嘱托、再立新功、再创佳绩，喜迎二十大”主题行动工作安排，在全系统开展员工思想动态线上调研。

案例六

千份大奖在哪里？“奋进石化”2019宪法答题在等你

2019年12月4日是第六个国家宪法日。为深入贯彻落实习近平总书记全面依法治国新理念新思想新战略，深入推进中国石化全面依法依规治企强化管理，“奋进石化”开展宪法答题活动。

图 3.17 “奋进石化”平台开展 12.4 国家宪法日答题活动

活动主题：“弘扬宪法精神，强化合规意识”推进公司治理体系和治理能力现代化。

活动时间：2019 年 12 月 4 日 8:00 至 2019 年 12 月 15 日 24:00。

参与对象：全体员工。

活动规则：（1）共 5 关 20 道题，每关 4 道题 20 分，答对所有题目则闯关成功，满分为 100 分。（2）每人 5 次闯关机会，可先预习、后答题，提高正确率。（3）每次闯关有 5 次答题机会，机会用完，退回第一关重新开始。（4）取得满分即可进行抽奖，每人最多有 5 次抽奖机会。（5）排行榜取最佳成绩上榜，得分多、用时少的排名靠前。答题凭实力，若出现用时异常等现象，将取消其获奖资格。（6）活动设一等奖 100 名，二等奖 1000 名。

（四）统一思想强共识

学习平台围绕企业改革发展中重要的、不易记住的或需要反复强调的知识点，统筹国家战略需求、产业行业改革重要信息，充分发挥新媒体快捷高效、渗透力强、可反复阅读学习等优势和特点，加快员工统一思想认识、形成发展共识，凝聚改革发展的强大力量。

案例一

中国石化高质量发展成果发布暨感动石化特别节目

在深入贯彻党的二十届三中全会精神、庆祝新中国成立75周年、习近平总书记视察胜利油田三周年、视察九江石化一周年之际，10月10日，中国石化高质量发展成果发布暨感动石化特别节目在京隆重举行。集团公司党组书记、董事长马永生出席并致辞，揭晓高质量发展成果《地下珠峰“深地一号”树起油气产业发展新高度》。本次活动通过奋进石化直播，观看量超14万人次。

图3.18　中国石化高质量发展成果发布暨感动石化特别节目直播海报

案例二

重磅预告，这场直播就是为了纪念他

铁人精神，一座永远的丰碑！感悟初心，激扬奋进的动力！习近平总书记在庆祝大庆油田发现60周年贺信中指出，大庆精神、铁人精神已经成为中华民族伟大精神的重要组成部分。

2023年10月8日是铁人王进喜诞辰百年纪念日，集团公司以网络视频直播的形式举办专场故事会，通过讲述蕴含“铁人精神”的10个好故事，激励广大干部、员工勇担历史重任，再创时代辉煌。10月8日上午9时，奋进石化、石化V视同步直播“永远的丰碑”——纪念铁人王进喜诞辰100周年企业文化故事会。

首播后，“奋进石化”学习平台“直播”栏目又进行了循环播放。干部、员工纷纷表示，要继续学习老一辈石油人百折不挠、矢志不渝的奋斗精神，汲取典型榜样的智慧力量，为建设具有强大战略支撑力、强大民生保障力、强大精神感召力的中国石化，再立新功、再创佳绩。

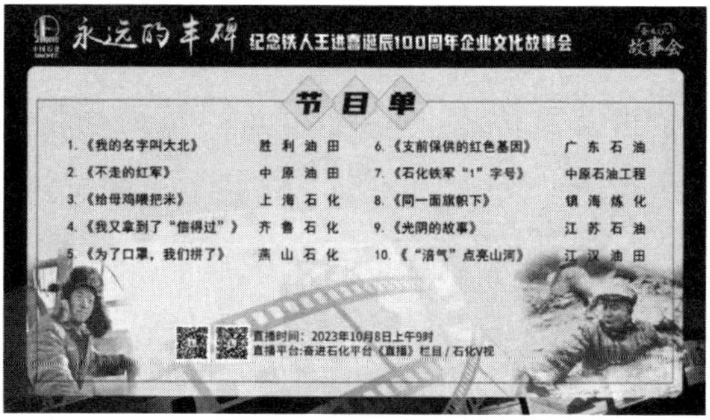

图3.19 纪念铁人王进喜诞辰100周年企业文化故事会直播活动

案例三

锁定“奋进石化”平台，齐鲁石化10部优秀作品即将登场

自2月18日14时开始，中国石化“奋进石化”学习平台

“直播”栏目将开始展播齐鲁石化10部优秀视频作品。

为了更好地传承石油精神、弘扬石化传统，中国石化党组宣传部通过“奋进石化”学习平台，陆续展播各企业石油石化传统主题优秀视频作品，收看并留言还可以参加抽奖活动，请广大干部、员工积极收看。

一帧帧画面，充分展示了来自五湖四海的齐鲁石化人弘扬石油石化传统，努力探索、历尽艰辛建设齐鲁石化，攻坚克难、拼搏进取发展齐鲁石化的爱企情怀。

80多分钟的直播引起中国石化上上下下干部、员工的广泛关注。据统计，本次直播收看人数超3.8万人次、点赞5500多次，有2400多条评论。

图3.20　齐鲁石化“石油石化传统主题优秀作品展播”截图

四、打造身心健康“加油站”，增强和谐促进力

心理健康咨询，是企业学习平台为员工提供的一项重要福利，主要通过“心福咨询”栏目实现。平台与国内顶级心理健康咨询机构合作，为员工提供全天候24小时的免费心理健康咨询服务。

企业心理健康服务作为员工福利的一部分，不仅关系员工的身心健康，更直接影响企业的和谐稳定和发展。通过智慧服务员工心理健康、引领员工心理健康、拓展心理健康服务范围三个方面的努力，企业将打造更为健全、更为全面的心理健康服务体系，使员工在工作中能够更好地发挥潜力，全身心地投入到企业的发展中。通过心理健康服务，企业将更好地实现人才的培养与留存，促进员工的个人成长，从而推动企业的可持续发展。

（一）“心福咨询”栏目智慧服务

企业学习平台的“心福咨询”栏目致力于智慧服务员工心理健康，旨在通过全方位的服务方式，为员工提供多层次的支持与帮助。这一服务的核心在于采取线上模式，充分利用先进的网络技术，使员工能够随时随地获得专业的心理健康服务。线上心理课堂为员工提供了系统的、全面的学习机会；咨询能够随时随地解答员工的心理疑问；主题阅读可以分享心理学专业知识；心理测试则是测验员工的心理状态；放松练习帮助员工释放紧张情绪。这一全面的服务体系不仅为员工提供了学习

的机会，更是在关键时刻成为员工的坚强后盾。

特别值得关注的是，在疫情防控期间，“心福咨询”栏目迅速开通了“心理热线”和“免费问诊”服务。这是一项特别有针对性的服务——为员工提供了在疫情期间所需的心理支持。通过电话咨询，员工可以及时获得专业心理医生的建议，匿名在线咨询则在尊重员工隐私的同时，为其提供了一个畅所欲言的空间。这种灵活且及时的服务方式，有效疏导了境内外员工及家属的心理困扰，陪伴员工度过了疫情下的艰难时光。

案例

中国石化全力建设“心理熔喷布”

2020 年 12 月 14 日，从中国石化新闻办获悉，为深入贯彻落实党的十九届五中全会“全面推进健康中国建设”精神，中国石化日前印发《进一步推广应用员工帮助计划（EAP）的意见》，提出打造“健康石化、健康心态”，助力建设世界领先企业的工作目标。

中国石化 EAP 工作从 2012 年开始起步，成立了由党组领导挂帅的中国石化心理健康（EAP）工作委员会，针对深化改革重点和难点、安全生产的薄弱环节，向员工及员工家庭、境外员工等全面推广实施 EAP，并纳入公司 HSSE 管理体系。同时，中国石化在“奋进石化”平台创办了“心福咨询”栏目，2017 年以来有效疏导员工心理问题 2.4 万人次，化解危机个案 27 起；连续举办 24 期 EAP 培训班，培训学员 12325 名；实施“心福快车”EAP 一线行，为偏远、艰苦企业送去温馨服务。

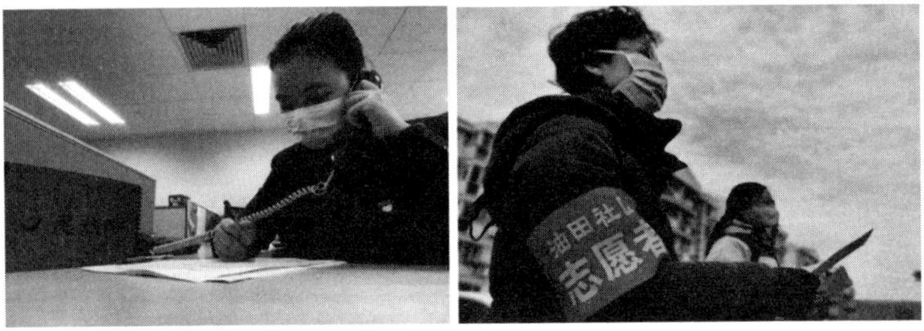

图 3.21 中国石化 EAP 志愿者疫情期间提供心理健康服务

疫情期间，中国石化推出“2+2+5+N”心理防控措施，即开通境内、境外两条心理热线；编辑出版《心战疫》《心理调适与重建》两本心理调适书籍；设计组织开展 5 次疫情期间的心理调查，自愿参与调查人数超过 5 万人；开展多场志愿者、心理战“疫”行动，包括 13 场 21 轮次的“心福快车”网上直播课、5 万余份心理调适文章、上万名心理服务志愿者、1900 多万人次收听收看心理战“疫”音视频、2981 次 EAP 线上培训团辅等，有效编织了“心理熔喷布”，阻隔了因疫情产生的压力与不良情绪，保持员工的心理健康。

图 3.22 “奋进石化”平台疫情期间提供心理疏导服务截图

（二）EAP 工作引领员工心理健康

EAP 工作不仅是一项服务，更是一项引领员工心理健康的战略。企业通过创新的“EAP+”关爱模式，使心理健康服务得到更为深入的拓展。首先，通过将 EAP 融入思想政治工作，企业将心理健康服务与员工思想引领相结合，形成了思想政治工作的一部分，使员工在心理健康的同时，更好地理解和践行企业的核心价值观。其次，EAP 工作的创新体现在与企业发展各方面的结合上。通过“EAP+ 安全生产”“EAP+ 境外管理”等特色实践，EAP 服务不再是单一的心理咨询，而是真正融入企业的各个领域，为企业发展提供了更为全面的保障。这种全面的服务，不仅关注员工的心理健康问题，也引领员工从思想到行动的全方位发展。

案例一

及时解决员工“心”事

人是有思想、有情感、有追求的，一旦遇到想不通、办不成、处理不好的事情，诸如工作中职位调整、业绩竞争问题，或生活中子女教育、老人赡养、疾病治疗等问题，就可能引发焦虑、郁闷、烦躁等情绪。这些情绪若得不到及时的释放和舒缓，将会导致情绪管理日渐失衡。

员工出现心理问题，如果没有采取措施及时干预，就可能出现工作打不起精神、提不起兴趣的情况，进而影响工作效率，甚至因为员工在工作中静不下心、集中不了注意力，从而影响生产操作的规范性、精准度，形成隐患，甚至酿成事故，造成生命财产损失。

无论是站在以人为本、关心员工、提升企业管理温度的角度，还是从企业安全生产、高质量发展的层面来说，都不能忽视员工的心理健康问题，否则势必影响员工队伍攻坚克难的战斗力和企业提质增效的效果。

企业应坚持问题导向、需求导向和目标导向，通过聘请心理健康专家讲授心理健康课程、开展“线上＋线下”心理咨询、组织EAP心理咨询师送服务到现场等举措，及时解决员工“心”事，还可以因地制宜组织开展读书交流、文体竞赛、手工展览、文艺表演、亲子互动等活动，丰富员工业余文化生活，培养兴趣爱好，为员工的身心健康提供全方位呵护。

企业还应把心理健康像身体健康一样纳入制度化体检范畴，建立心理健康档案，采取“订单式”“点菜式”等方式，为有需求的员工提供个性化、精准性的心理帮助，让每一名员工都能以饱满的热情、高昂的斗志、稳定的情绪，投身创新创造。（来源：中国石化报）

案例二

经纬公司：让员工心里的疙瘩有人解

“心里的疙瘩解开了，干劲儿更足了。”7月8日，青海高原上的大柴旦山302井顺利完钻。7名队员在高原的恶劣环境下已坚守93天，出现过高反、烦躁等焦虑情绪。录井队长吕政和技术骨干李继良使用在公司EAP课程中学到的沟通技巧，为队员们进行心理疏导，提升了队伍士气，优质高效地完成了施工。

经纬公司共有测、录、定向专业队伍966支，分布在我国23个省（区、市）和海外9个国家，大部分员工身处沙漠、戈壁、海洋等艰苦、特殊的施工环境中，心理压力较大。经纬公司坚持将EAP工作“服务中心、融入日常、全时服务”，着眼改革调整、海外施工、疫情防控等敏感区域和时间节点，重点开展好职业心理健康、压力管理、团队精神、人际关系、亲子教育、工作与生活协调6个模块团训，引导员工以积极情绪化解工作生活的种种压力。

经纬公司开展EAP区域服务中心摸底调查，建立EAP专业人才库，目前已建成胜利、中原、华北、西南4个区域服务中心，设立了咨询室、沙盘室、减压室等功能区，涵盖青春有约、女工沙龙、亲子训练营等内容，开展“小手牵大手”“戴高帽”“放松按摩”“潜力大比拼”等30余种新颖独特的团训方式，并运用色彩心理学原理，为员工身心放松搭建了一个良好的平台，打造“心与心交流”的“经纬心泉”服务品牌。

对于大部分一线员工，公司除线上的远程心理疏导外，更注重线下面对面的沟通，让员工心里的疙瘩有人解。他们结合一线员工的心理特征，组织心理咨询师赴新疆、四川、长庆等工区，对普遍存在思乡、烦躁等心理问题的小队，实施“呼吸调整、快乐绳结”等项目团训，潜移默化地解开员工的心理症结，引导员工在艰苦工作环境中互相理解、互相支持，强化了在特殊环境下的心理感受力和心理对抗力。

公司在培养内部EAP骨干人员队伍的同时，还借助外部优质师资，以“现场授课＋钉钉直播”的方式，特邀国家二级心理咨询师结合案例讲策略，干货满满“接地气”，吸引了1000余人在线收看互动，获赞3300余个。（来源：中国石化报）

案例三

《直击我撑不下去了……》节选

（2020年）1月24日是大年三十，防新冠疫情战役刚刚开始，本应在休假中的中国石化的“奋进石化”心福咨询平台紧急启动，开通了“武汉心理咨询24小时服务专线”，紧急召回了该服务专线的接线员及国家心理咨询专家，为武汉员工进行心理危机服务。年初三，“武汉心理专线”升级为“新型肺炎·石化心理热线”，从武汉地区扩展到全国，为百万中石化员工提供心理支持服务。这个“树洞”，让有一些人的生活，变得不一样了。

集团公司心福热线开通17天来，通过电话和在线咨询，有效沟通疏导904例，个人3次以上长程咨询70人次。各企业已自发开通心理热线、网上微课等服务，关怀身边干部员工的心理健康。巴陵石化通过电话和网络咨询，有效沟通疏导22人次，网上心理服务覆盖8000人。江汉油田心理专家团队开通24小时热线电话，主动向78名独居老人拨打心理热线，为一线医护人员提供压力情绪疏导23人次。江西石油开通抗“疫”专线5个，招募EAP志愿者42人，为员工开展心理服务1200人次。

有的员工说，虽然我还没拨打过这个热线，但自从我知道这个热线24小时守候着我们，我心里踏实多了。一个电话都是一个求助，一个问询都是一份信任，有人接听、有人回应、有人抚慰，就有治愈的可能。每一次咨询，都要半个小时、一个小时。在危机的后面，还有很多心理志愿者的身影，连续多少个夜晚，志愿者们忙到凌晨，报一声平安后，又继续投入工

作。有人守护你的身体，也有人守护你的心。（来源：中国石化报）

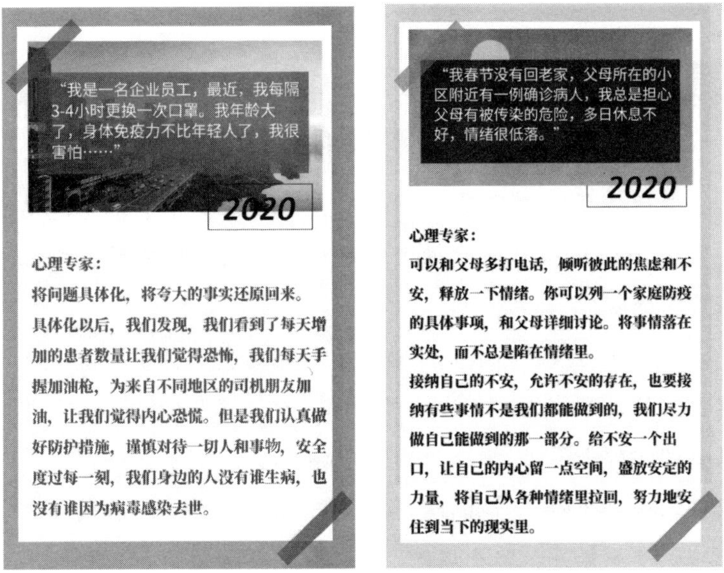

图 3.23 “奋进石化”平台“心福咨询”栏目解答困惑

（三）企业子平台拓展心理健康服务面

除主平台的心理咨询服务外，企业子平台也是助力心理健康服务的有力工具。各单位通过集结 EAP 人才队伍，在子平台开设本单位的心理健康服务。这一助力措施直接面向一线员工，通过在线人文关怀和心理疏导等功能，提供更加贴近需求的服务。通过上下结合，企业心理服务的覆盖面更广、服务更有针对性、互动性更强。企业子平台的运用使心理服务更具个性化，不仅提供了传统心理咨询的服务，还通过人文关怀、心理疏导等方式，引导员工更好地处理工作和生活中的压力，提升员工的整体幸福感和工作积极性。子平台的设立让员工感受到更加贴心的关怀，为企业形成更加紧密的组织文化奠定了基础。

案例一

免费！300位顶级心理咨询师为您一对一服务

心理咨询，到底是个啥子哟？“奋进石化”之“心福咨询”，300位顶级心理咨询师为您一对一服务！免费，并且承诺严格保密！

什么样的人在为我们做咨询？公司为员工聘请的是一支值得信赖的、专业的心理咨询师团队。这支团队的最低标准是拥有心理学硕士学历，经过严格的专业训练，拥有3年以上的心理咨询从业经验，并有自己擅长的领域。这些心理咨询师会定期接受专业督导和职业训练，以保证高质量的服务。

都有些什么服务？当你遇到工作压力、职业发展、情绪管理、婚姻情感、恋爱关系、子女教育、人际沟通、自我探索、生活方式、减肥健身等问题的时候，都可以进行咨询！例如：“我喜欢现在的工作，可是我对未来的发展没有信心。一想到这个，我的心情就很糟糕。”“我性格有些内向，有时不知道怎么和人打交道，人际关系问题让我很头痛。”“我和先生结婚一年多了，两个人感情一直很好，可婆婆总是对我挑三拣四，弄得我先生夹在中间很为难，我该怎么办？”“我儿子最近迷上了王者荣耀，常常连吃饭和睡觉都顾不上，而且耽误了学习，我该怎么办？”

当你在生活中遇到诸如此类的心理困扰时，都可以勇敢地来预约咨询，与咨询师进行沟通，找到自我，发现方法。

要怎么预约？预约仅需三步，路径如下：打开“心福咨询”页面，点击最上方、最显眼儿的大图，就是这个！

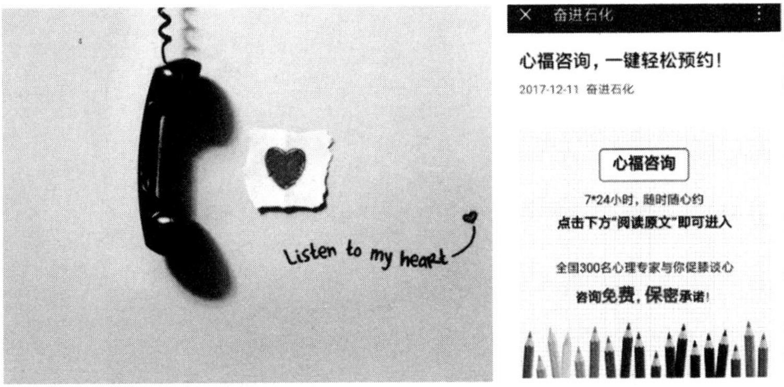

图 3.24 “奋进石化”平台“心福咨询”预约页面截图

案例二

重要预告 | EAP 专题讲座来啦！

西南石油局邀请中国科学院成都心理中心执行主任黄煜讲授“疫情期间的心理健康促进原则及问题识别技巧”课程，帮助大家学习心理学知识，掌握后疫情时期常见心理问题识别和应对技巧，提升个人和组织的幸福力。

最近疫情形势复杂多变，可能导致企业员工原有的工作安排和计划被打破。很多职场人士既是职工，也为人父母，要面临工作和家庭的双重压力。

我们有必要在后疫情时代识别压力源。掌握心理健康促进的原则及常见心理问题识别的技巧，有助于预防心理问题，提升个人和组织的幸福力。讲座内容包括疫情期间常见压力源、心理健康为何能促进、心理问题为何能识别、疫情常见心理问题案例分析。

图 3.25　中国石化西南石油局通过“奋进石化”平台提供心理服务截图

（四）构建全方位心理健康服务体系

企业心理健康服务的未来发展面向全方位、全周期、全覆盖的目标。在未来的发展中，企业将进一步加强心理服务队伍建设，提高服务质量。同时，将加强对员工心理健康的宣传，增强员工对心理健康的认识。构建更多样化、更富创新性的心理健康服务体系，以更好地适应不同员工群体的需求。未来，公司将不断创新服务形式，引入更多科技手段，提高心理服务的时效性和个性化程度。

通过不懈的努力，企业心理健康服务将从“关注心理健康”扩展到“引领心理健康”，为员工提供更加全面、贴心的服务。同时，企业将积极倡导心理健康理念，助力员工树立正确的人生观、价值观，推动企业文化发展。

案例一

用好 EAP，加强人文关怀

用好 EAP，科学做好员工心理防护，是中国石化创新思想政治工作的特色做法。2022 年 9 月，在中央企业思想政治工作会议上，中国石化专门就此做了经验交流。2020 年疫情期间，平台专门对驻湖北企业、境外员工进行了线上思想和心理状况调查，随后快速推出了心理防护电子书，又在“奋进石化”平台迅速开通“24 小时心理热线”和“境外员工心理专线”，累计提供咨询服务 2400 余次。随后，还连续举办针对海外员工家属的“同心战‘疫’”直播微课，加强人文关怀和心理疏导，减轻压力，维护稳定。

图 3.26　“奋进石化”平台 EAP 栏目截图

案例二

我有心事就找这里！解压又放松

企业学习平台向中国石化全体员工全面免费开通心理咨询服务，不仅可以通过 7×24 小时预约热线进行预约，还可以登录平台自主选择咨询师、咨询方式和咨询时间进行预约，非常便捷。

图 3.27 “奋进石化”平台“心福咨询”栏目截图

五、打造精准扶贫“爱心台”，增强消费推动力

为积极响应党中央、国务院的号召，以助力扶贫点“坚决打赢脱贫攻坚战”为目标，央企用真心、用真力，切实开展精

准帮扶工作，确保定点扶贫地区实现有效脱贫。

面对脱贫地区优质农产品推介销售这一问题，企业学习平台在“互联网+精准扶贫”背景下，依托自身较完善的模块功能，开设“精品团购”栏目，打造精准扶贫爱心平台，让农产品得到更高的曝光度，增加农民农特产品销售收入，实现脱贫攻坚模式创新发展。

（一）多电商主体入驻提升动力

“互联网+精准扶贫”运行的内在机制中，主体是“电商+农户”，政府起到引导、辅助和整体支持的作用。

企业学习平台利用企业平台和运营主体，开设“精品团购”栏目，出售特色农产品。

图 3.28 “奋进石化”平台“精品团购”栏目界面截图

案例

中国石化“奋进石化”平台目前已有石化团购网、易捷海购、极臻甘肃、加油吉林等多家电商入驻，实现贫困地区与企业之间在企业平台的合作，共同服务精准扶贫的公益事业。

图 3.29 “奋进石化”平台“精品团购”栏目入驻电商

（二）讲好品牌故事打造好口碑

企业学习平台在农产品消费扶贫过程中，注重品牌建设和口碑营销。

通过优质的产品质量、良好的服务态度和真实的用户评价，建立农产品的品牌形象和信誉度，赢得良好口碑，促进员工转化为产品的忠实用户，在提升产品销量的同时，也让员工得到实惠。

营销期间，企业学习平台积极传播农产品的品牌故事和优势特点，增加消费者的购买欲和忠诚度。

图 3.30 “奋进石化”平台“精品团购”消费扶贫界面截图

先后组织了安徽岳西功夫茶、瓜蒌子，泸溪县红心猕猴桃等中国石化定点扶贫县特色农产品销售；协助甘肃石油做好甘肃优质农产品推介工作，销售苹果汁、百合，助力东乡人民脱贫攻坚，服务甘肃护航农业优品闯市场。

六、打造活泼健康“文艺角”，增强企业凝聚力

在企业管理中，一流的企业靠文化。在建设世界一流企业

进程中，企业文化建设具有促进企业发展、塑造企业形象、提高员工凝聚力、增强企业竞争力和引领企业发展的作用。

因此，企业应该高度重视文化建设，让宣传平台呈现形式更加灵活、灵动，受众互动性、阅读吸引力增强，并通过有效载体深入推进和不断完善。

（一）丰富活跃基层文化生活

在企业学习平台开展企业文化建设，打造可供员工施展才艺的“文艺角”，不仅能够丰富活跃基层文化生活，而且能够打造下情上达的“互动通道”，具有积极作用。

一是促进企业发展。企业文化建设可以为企业高质量发展提供坚强的思想引领和有力的舆论支撑，可以激发员工的积极性和创造力，形成良好的企业氛围，促进企业创新发展和持续成长。

二是塑造企业形象。企业文化建设可以塑造企业品牌形象，提高企业知名度、信誉度和美誉度，吸引更多的客户和投资者与企业建立伙伴关系。

三是提高员工凝聚力。企业文化建设可以形成一种团结合作、互相信任的企业氛围，提高员工归属感和忠诚度，增强员工的凝聚力和团队合作能力。

四是增强企业竞争力。企业文化建设可以增强企业竞争力，提高市场占有率，帮助企业在市场竞争中占据优势地位。

五是引领行业发展。企业文化建设可以引领行业的发展方向，推动行业的技术进步和管理创新，促进整个行业向前发展。

（二）子平台组织多彩文艺活动

企业学习平台以“主平台 + 子平台”为格局，即“公司总部 + 所属企业”，构建了一个上下贯通、信息互享的“网络信息生态圈”。

企业子平台的建设运行，打通了总部与企业间的信息障碍，切实增强了宣传思想工作实效。

例如“奋进中原油田”组织了“中原油田品牌创优文艺晚会”等 7 次网络直播，扩大了活动影响力。“奋进镇海炼化”策划推出积分制，提高了员工自觉使用子平台的积极性，使子平台成为员工不可或缺的朋友圈、工作圈、生活圈。“奋进海南”设置海石新闻、清风廉语、安全海石、海石榜样、专题学习等板块，策划了“点亮海南”“我为祖国献唱歌唱比赛”“伟大的征程”等活动。“奋进江苏油田”举办了“保密知识竞赛”，筹划了“邵伯湖”“嗨购”等互动性应用。“奋进广西石油”以“最暖民族风”为主题，打造了具有广西石油特色的学习与人文关怀平台。

（三）展现积极乐观增强凝聚力

企业学习平台之所以受欢迎，有一定影响力，除了上下沟通方便、为部门和企业提供共享服务、为员工提供心理咨询服务等原因，更是因为它打造了员工的“网上精神家园”——开通了“互动天地”栏目，以丰富多彩的文艺活动，极大地增强了队伍活力和队伍凝聚力。

“互动天地”栏目设置了“石化抖音”“石化艺苑”等互动

性、参与性较强的板块。员工还可以在“石化艺苑”板块中晒照片、展才艺，展现他们多才多艺、积极乐观、活泼多样的一面。

图 3.31 “奋进石化”平台“互动天地”栏目“石化抖音”板块

案例

企业文化故事短视频，邀您快来“拍一拍”！

中国石化修订了《企业文化建设纲要》(以下简称《纲要》)，核心内容增加了“爱我中华、振兴石化”的企业精神，对打造具有强大战略支撑力、强大民生保障力、强大精神感召力的中国石化作出了具体阐释。这是中国石化文化建设的一件大事。“奋进石化”学习平台面向系统干部员工开展企业文化故事“拍一拍”短视频征集活动，受到各级企业、广大员工热烈响应，大家纷纷以 Vlog、微电影、微记录片、音乐 MV 等形式拍摄视频，展示学习践行新版《纲要》的动态成效和生动案例。截至发稿时，已收到639个短视频作品，学习践行新版《纲要》用文化引领铸就强大精神感召力的氛围日益浓烈。（来源：奋进石化）

图 3.32　企业文化故事"拍一拍"视频截图

第四章

内容策划

企业学习平台要实现教育功能，这就需要对平台的内容进行深入策划。在这一过程中，我们需要精心制作标题、精练导语、优化采写手法等，从而实现“学习生态圈”的全面打造。通过不断提升内容的质量，我们能够向用户呈现更多更优质的学习资源，形成平台和用户之间的相互赋能，建立起良性循环，推动整个平台生态的高质量运营。

在策划内容时，我们要注重内容的丰富性和多样性，确保用户能够获得全面的学习体验。标题的制作也至关重要，要具有吸引力和激发学习兴趣的特点，让用户在第一时间被内容吸引。导语的写作需要简洁明了，能够清晰地传达学习的主旨和重要信息，引导用户进入学习状态。采写手法的深耕包括文字、图片、视频等多种形式的融合运用，以提高学习资源的吸引力和传递效果。

通过不断优化这些方面，我们将打造一个更加完善、更加吸引用户的学习平台。同时，用户的积极参与和反馈，形成平台和用户之间的良性互动，使平台生态得以不断升级和优化。这种相互赋能的关系将有助于促进整个平台生态高效、健康、高质量运营。

案例

“三个度”写出好新闻

近年来，云南红河石油高度重视新闻宣传，为讲好基层故事，鼓励人人争做宣传员，积极向“奋进石化”、《中国石化报》、中国石化朝阳e站等上级媒体投稿，完成首单跨界汽车销售、光伏发电超100万千瓦·时等新闻宣传，在员工中引起强烈反响。

在选择好题材之后，要去发现事实，发掘亮点，找好切入点。有意识地观察，思考背景，关联问题、现象，用联系和反思的目光关注细节的变化、人物的变化。

新闻发现决定报道的角度

2022年7月，全国各地体验高配版“三伏天”，多地发布红色高温预警。一线员工战高温、斗酷暑，工装被汗水浸透，汗珠从手臂上滚落，只为了给客户提供更好的服务，通讯员便记录这辛苦的瞬间，整理投稿至“奋进石化”和朝阳e站，阅读量突破10万。

采访深度决定报道的深度

采访是新闻事实客观再现的依据，要通过现象挖掘事物本质。除了要深入，还要注重细节，细节往往最具有说服力，能很好地反映问题的实质。只有深入实际的各个方面，用立体化、多层次、多角度的采访调查，对一些重要的事情抽丝剥茧，才能层层深入直达内核。

每年春耕备耕、秋收的关键时期，保障农户用油成为乡镇加能站的重要责任，通讯员会到加能站现场、深入田间地头，采访加能站一线员工义务送油的暖心故事、送油到田间后农户的切身感受，以一线的新闻为企业发声，筑牢社会责任。

文章结论决定报道的高度

一篇文章一定要有结论，这个结论不是是非对错的判断，而是事件本身所陈述、细节所展示的客观存在，读者可以从中自然而然地得到结论。通讯员只表述发生了什么，而没有告诉原因，那报道只完成了一半，能把关心的热点和焦点说深、说透的报道才是好报道。

当前，国家正在努力实现“碳达峰、碳中和”目标，中国石化各企业也在大力建设光伏发电项目，各单位在建设过程中的积极做法和取得成效的结论才是有高度的报告，这样有结论的文章才是受读者喜爱的文章。（来源：奋进石化）

一、策划内容“九关键”

何为策划？其实就是做顶层设计，是深化面向大众进行品牌传播的定位，是着力运用融入新媒体话语体系的具有传播分享性的内容，是激发企业员工的分享欲和转发欲，是通过春风化雨、润物无声的方式关联更多人。一是宣贯企业发展方向与战略布局；二是宣传企业文化和品牌。平台运营人员要有策划敏感性，要多看、多思、多想，找灵感、寻思路，学会思考和分析。

那么分析什么？就是分析企业员工感兴趣的点，想要了解和有共鸣感的点，吸引他们急切点开、耐心看完且看完后觉得很满足的点。

案例

那些石化的“变”与“不变”策划过程

2023年是中国共产党成立102周年，一代代中国共产党人将一项项伟大成就写进史册。这100多年来，既有翻天覆地的“改变”，也有恒久坚持的“不变”。由此，我迅速联想到今年是中国石化成立40周年，是不是我们可以策划一个关于石化这些年的“变”与“不变”的选题？选题敲定了，下一步就是如何写征稿了。

当时初步写的征稿大纲内容如下：

那些石化的“变”与“不变”……

这些年，中国石化既有翻天覆地的“改变”，也有恒久坚持的“不变”。回望石化新征程，感受“变”与“不变”，变的是技术，不变的是精神；变的是面貌，不变的是服务；变的是年龄，不变的是奉献和责任；变的是速度，不变的是拼劲与韧劲……对于石化人来说，他们都在用自己辛勤的汗水、无私的奉献，上演着“石化奋斗”的进行曲……

征集：年代对比感比较强的一组照片，简要描述图示，100字以内，突出两张照片的时间，自拟主题“变的是……不变的是……”当时和团队的小伙伴反复讨论，斟酌字、词、句的表达，通过举例写案例模板让大家清晰地知道投稿的方向。

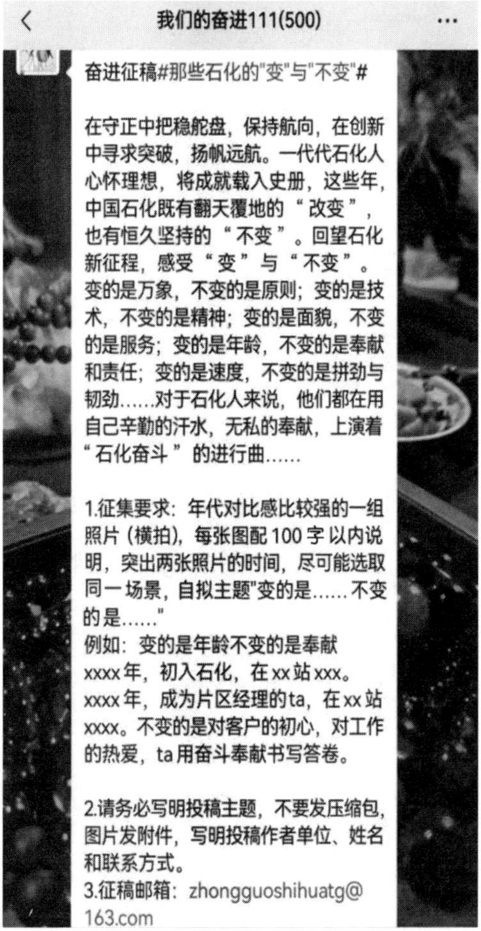

我们的奋进111(500)

奋进征稿#那些石化的"变"与"不变"#

在守正中把稳舵盘，保持航向，在创新中寻求突破，扬帆远航。一代代石化人心怀理想，将成就载入史册，这些年，中国石化既有翻天覆地的“改变”，也有恒久坚持的“不变”。回望石化新征程，感受“变”与“不变”。变的是万象，不变的是原则；变的是技术，不变的是精神；变的是面貌，不变的是服务；变的是年龄，不变的是奉献和责任；变的是速度，不变的是拼劲与韧劲……对于石化人来说，他们都在用自己辛勤的汗水，无私的奉献，上演着“石化奋斗”的进行曲……

1.征集要求：年代对比感比较强的一组照片（横拍），每张图配100字以内说明，突出两张照片的时间，尽可能选取同一场景，自拟主题"变的是……不变的是……"
例如：变的是年龄不变的是奉献
xxxx年，初入石化，在xx站xxx。
xxxx年，成为片区经理的ta，在xx站xxxx。不变的是对客户的初心，对工作的热爱，ta用奋斗奉献书写答卷。

2.请务必写明投稿主题，不要发压缩包，图片发附件，写明投稿作者单位、姓名和联系方式。
3.征稿邮箱：zhongguoshihuatg@163.com

图 4.1　“奋进石化”工作群正式征稿内容截图

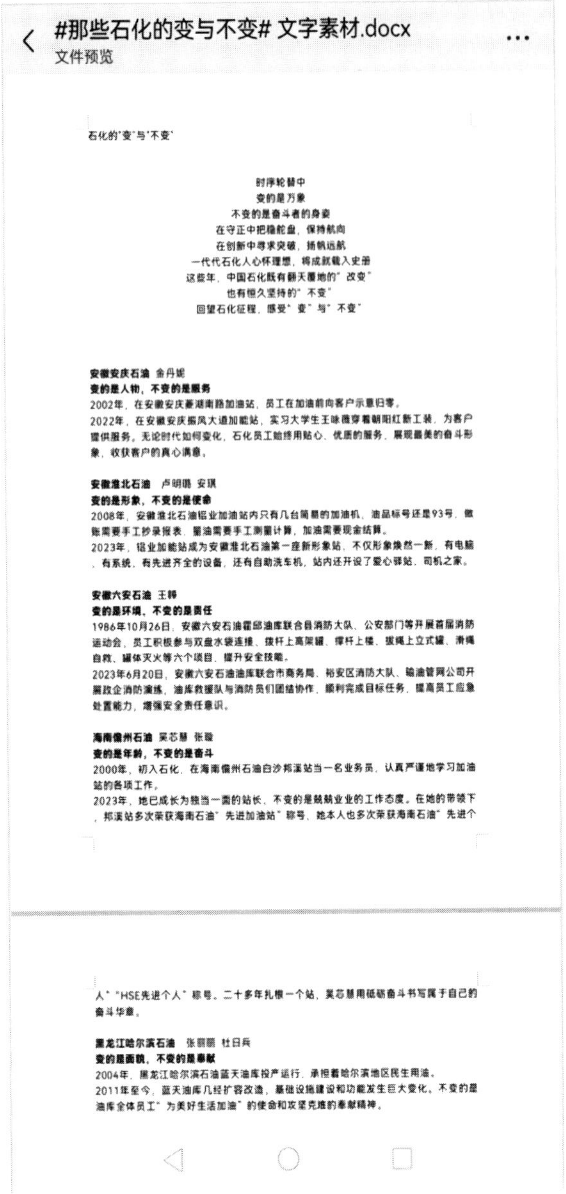

#那些石化的变与不变# 文字素材.docx
文件预览

石化的"变"与"不变"

时序轮替中
变的是万象
不变的是奋斗者的身姿
在守正中把稳舵盘，保持航向
在创新中寻求突破，扬帆远航
一代代石化人心怀理想，将成就载入史册
这些年，中国石化既有翻天覆地的"改变"
也有恒久坚持的"不变"
回望石化征程，感受"变"与"不变"

安徽安庆石油 余丹妮
变的是人物，不变的是服务
2002年，在安徽安庆菱湖南路加油站，员工在加油前向客户示意归零。
2022年，在安徽安庆振风大道加能站，实习大学生王咏薇穿着朝阳红新工装，为客户提供服务。无论时代如何变化，石化员工始终用贴心、优质的服务，展现最美的奋斗形象，收获客户的真心满意。

安徽淮北石油 卢明晓 安琪
变的是形象，不变的是使命
2008年，安徽淮北石油铝业加油站内只有几台简易的加油机，油品标号还是93号，做账需要手工抄录报表，量油需要手工测量计算，加油需要现金结算。
2023年，铝业加能站成为安徽淮北石油第一座新形象站，不仅形象焕然一新，有电脑、有系统、有先进齐全的设备，还有自助洗车机，站内还开设了爱心驿站、司机之家。

安徽六安石油 王锋
变的是环境，不变的是责任
1986年10月26日，安徽六安石油霍邱油库联合县消防大队、公安部门等开展首届消防运动会，员工积极参与双盘水袋连接、拔杆上高架罐、撑杆上楼、拔绳上立式罐、滑绳自救、罐体灭火等六个项目，提升安全技能。
2023年6月20日，安徽六安石油油库联合市商务局、裕安区消防大队、输油管网公司开展政企消防演练，油库救援队与消防员们团结协作，顺利完成目标任务，提高员工应急处置能力，增强安全责任意识。

海南儋州石油 吴芯慧 张璇
变的是年龄，不变的是奋斗
2000年，初入石化，在海南儋州石油白沙邦溪站当一名业务员，认真严谨地学习加油站的各项工作。
2023年，她已成长为独当一面的站长，不变的是兢兢业业的工作态度。在她的带领下，邦溪站多次荣获海南石油"先进加油站"称号，她本人也多次荣获海南石油"先进个人""HSE先进个人"称号。二十多年扎根一个站，吴芯慧用砥砺奋斗书写属于自己的奋斗华章。

黑龙江哈尔滨石油 张丽丽 杜日兵
变的是面貌，不变的是奉献
2004年，黑龙江哈尔滨石油蓝天油库投产运行，承担着哈尔滨地区民生用油。
2011年至今，蓝天油库几经扩容改造，基础设施建设和功能发生巨大变化。不变的是油库全体员工"为美好生活加油"的使命和攻坚克难的奉献精神。

图 4.2 收集整理素材 + 文案初稿拟定截图

图 4.3　“秀米”排版制作后的作品截图

扫描二维码可浏览全文

通过石化“变”与“不变”的投稿，一张张承载了一代代石化人心怀理想信念、追求奋斗目标的历史照片载入史册。收集素材中最有印象、年份最久的，是浙江宁波石油“三官堂”油库，历经 62 年岁月历程的变迁，目前它是浙江省最大的陆路发货油库，荣获 2022 年“中国石化先进集体”称号。

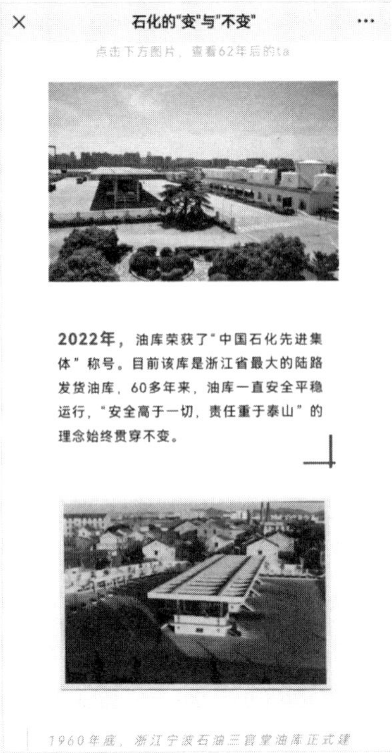

图 4.4 浙江宁波石油“三官堂”油库“变”与“不变”内容截图

热点、关注点、话题点一直贴近我们的生活，我们不仅要抓住其中的新闻焦点，更要合情合理地加以利用，巧妙运用各种文风，吸引广大读者的关注。我们的思维应该像野马一样灵活自如，能够跳跃奔腾，同时内心需要有一根缰绳，能够随时拽回思维逻辑，结合企业相关宣传信息点，进行深度挖掘、巧妙串联，借势宣传推广企业有效信息。这需要培养我们对新闻的敏感性和快速接收、转化、整合新闻的能力，通过刺激大脑、激活思维，不断迸发出策划灵感、创意思路和想法。

在互联网新时代，人人都在刷抖音、看头条、浏览新闻资讯等，有些人看了一晃而过，然而，作为新闻策划人，当我们浏览这些信息时，若能产生新颖的灵感，建议及时将自己的观点、思路和想法记录下来。结合企业相关宣传重点，初拟一个策划征稿，使得这些思考能够得到实质性的输出。通过这样的方式，我们可以更好地挖掘并传递信息，为企业提供有力的宣传支持。

接下来，我们一起探讨如何策划好企业学习平台。

（一）围绕受众需求

企业学习平台是企业内部宣传媒体，采用实名制注册，只对内不对外，那么受众群体自然就是企业领导和员工。领导想看什么，员工感兴趣的是什么，引起共鸣的是什么，这就是我们的宣传方向。

企业内部学习平台，可以充分发挥舆论和先导作用，唱响加快发展的主旋律，把职工群众的思想统一到企业重大决策和部署上来，把职工群众的干劲儿凝聚到加快发展的大局上来，形成企业万众一心、迎难而上、加快发展的良好氛围。要坚守正确的舆论导向，围绕中心、服务大局、把握大势、着眼大事，既要找准宣传策划切入点和着力点，又要紧跟热点，跟对热点，在“新鲜性”上下功夫，善于发现新闻、挖掘新闻、编发新闻，在“不一样”上做文章，做到“两个一样，两个不一样”。“两个一样”是指写的内容，要确保和主流价值一样，和上级党委要求部署一样；“两个不一样”是指写的内容，和以前的不一样，和别人写的不一样。

（二）围绕国家大事

2023年10月10日，习近平总书记视察九江石化，中国石化干部员工第一时间通过电视网络、手机客户端收听观看。集团公司组织各企业深入学习贯彻习近平总书记视察九江石化重要指示精神，及时进行系列报道和重点宣传。“奋进石化”平台运用“二十大学习进行时”专栏，针对各基层单位学习习近平总书记重要指示精神的情况策划了系列报道。

图4.5 “奋进石化”平台紧跟党和国家大事、要事进行策划宣传截图

自 2023 年 4 月以来，全党自上而下分两批开展学习贯彻习近平新时代中国特色社会主义思想主题教育。中国石化启动第一批主题教育以来，紧紧围绕“学思想、强党性、重实践、建新功”总要求，吃透精神、把握要义，认真做好主题教育宣传引导，在学思想中重实践，在主题教育的广度和深度上下功夫。平台小编们积极主动策划“各企业主题教育第一批总结暨第二批部署会议”“以学促干见成效！中石化各直属单位扎实推进主题教育”“以实为要！中石化各直属单位扎实推进主题教育”“主题教育学习方法大比拼”“主题教育在基层”“学理论、谈感悟、建新功”等系列专题报道。

图 4.6 “奋进石化”平台主题教育系列专题宣传报道截图

（三）围绕企业要事

在中国石化成立40周年这个重要时间节点，编辑们经过一个晚上的“头脑风暴”，提出了9个不同的策划思路和角度。

中国石化40周年策划:

4月21日 下午4:35 未分类 ▼

中国石化40周年专题策划:

1.各单位干部员工用自己的方式表达对中国石化的祝福

2.关于石化的故事。40年，每一次砥砺前行，都是一次不凡的奋进

3.寄语40周年|感谢一路陪伴，我的成长与你有关

石化+成长见证 奋进 忠诚 温度 初心 为美好生活加油

我与石化企业共同成长 散怀 诗词 诗歌

4.看！中国石化40年干成这些事……

科技成果 惊人成绩 创新技术 突出数字

5.歌舞、诗词朗诵等节目、书法、简画、折纸艺术才艺展示等（各一期）

6.各地特色方言说：为美好生活加油，中国石化40周年，生日快乐！

7.围绕40数字、成绩……"数"说石化

8.40岁石化人讲述与石化同岁的感受和工作经历等

9.党龄四十年的老同志表达对石化40周年的祝福

图4.7 “奋进石化”小编的手机备忘录成为主题策划灵感的发源地

案例一

策划情感篇：我们的40年（长期征稿）

为庆祝中国石化成立40周年，以文艺作品书写时代精神，现面向石化员工征集稿件。

☞ 具体要求：

1. 文字：

①自拟小标题，内容积极向上，文字富有真情实感，以文

学笔触讲述动人故事，传递爱国爱企情怀，真实记录和再现40年来中国石化追寻和实现梦想的故事，展现40年来中国石化的巨变。

② 2000字以内，随笔、散文、诗歌、报告文学等体裁不限。所投稿件须为本人原创作品！

2. 图片：与文字相符照片2~3张。

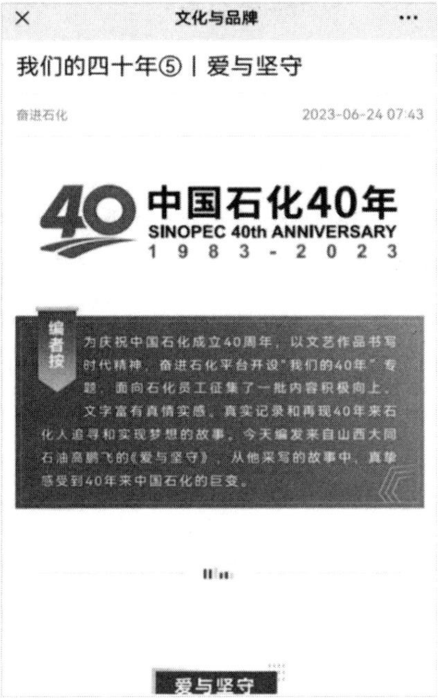

图4.8 “奋进石化”平台“我们的四十年”主题策划截图（累计发稿50篇）

案例二

策划成绩篇：40年，“数”说石化岗位业绩

石化人40年在工作岗位上兢兢业业，奋勇前行，那一串

串奋斗的脚步都浓缩在惊人的数字成绩里。每个数字背后，都写满了奋斗的“硬核”！

☞ 现征集：40年来，油田、炼油、化工、销售各个企业在平凡的工作岗位上取得的最显著、最亮眼的一项“数字”成绩！例如，青年突击队连续10年完成80项攻关创新项目；××连续5年建成20座集充电、加氢、充电桩为一体的综合能源站；等等（数字以先进性为主，不涉密）。

☞ 具体要求：

1. 文字：50字左右，自拟标题，内容有成绩、数据、排名等作为支撑，务必真实有效。

2. 图片：图文相符照片2~3张，高清原图、竖图（要制作海报，图片质量要求高）。

图4.9 “奋进石化”平台“数”说业绩内容截图

扫描二维码可浏览全文

（四）围绕特殊节点

组稿群成立以来，主题策划征稿信息每天绵绵不绝，“老”责编带“小白”责编，将“小白”逐渐培养为新闻采集、微文编发的“行家里手”，每个“小编”都有超凡的灵感创意和巧妙的选题思路。

选题策划根据每月的宣传重点、社会责任、热点新闻、重要时间节点、节日节气、身边事身边人等常态化主题进行。比如，1 月关注元旦跨年仪式感、开门红、小目标；2 月聚焦春节坚守岗位保供、新春走基层、跨年仪式感、石化人的春晚、吃团年饭、元宵节、情人节；3 月强调春耕服务“三农”、学雷锋、妇女节、消费者权益日；4 月关注普法月、祭扫瞻仰烈士；5 月围绕劳动节、青年节、中国品牌日展开；6 月聚焦儿童节、安全生产月、世界环境日；7 月聚焦建党节以及新员工入职；8 月关注建军节、盛夏防暑降温；9 月注重教师节师带徒、中秋节、质量月、“诚信兴商”宣传月；10 月关注国庆节、易享节；11 月围绕“双十一”、安全生产警示日、消防日展开；12 月则总结全年冲刺目标任务、感动故事瞬间、成绩单等。

尽管每年的节日、活动日主题固定，但始终能够从不同的策划思路和角度进行创新。

hello 2024

4月1日：雄安新区成立7周年

4月2日：世界自闭症日、国际儿童图书日

4月4日：清明节

4月6日：国际体育日

4月7日：世界卫生日

4月8日：国际珍稀动物保护日

4月11日：国际帕金森日

4月12日：载人空间飞行国际日

4月14日：玉树地震14周年

4月15日：全民国家安全教育日

4月20日：芦山地震11周年、联合国中文日

4月21日：世界创意和创新日

4月22日：世界地球日、世界法律日

4月23日：世界读书日、中国人民解放军海军成立75周年纪念日

4月24日：中国航天日

4月25日：世界防治疟疾日、漓江保护日（习近平总书记到桂林考察调研3周年）

4月26日：世界知识产权日

4月27日：“汪辜会谈”31周年

4月28日：世界安全生产与健康日

hello 2024

5月1日：国际劳动节

5月4日：青年节、五四运动105周年纪念日

5月8日：世界红十字日

5月12日：汶川地震16周年、母亲节、护士节、全国防灾减灾日

5月14日—5月25日：第77届戛纳国际电影节

5月15日：全国助残日、国际家庭日

5月17日：世界高血压日

5月18日：国际博物馆日

5月19日：中国旅游日

5月21日：世界文化多样性促进对话和发展日、国际茶日

5月22日：国际生物多样性日、袁隆平逝世三周年

5月25日：世界预防中风日

5月26日—6月9日：法国网球公开赛

5月29日：联合国维持和平人员国际日

5月30日：全国科技工作者日

5月31日：世界无烟日

此外，第八届世界智能大会，也将5月在天津召开

七月

富得“牛”油

hello 2024

7月1日：中国共产党成立103周年、香港回归27周年

7月1日-7月14日：温布尔登网球锦标

7月7日：“七七事变”87周年

7月8日：中央人民政府驻香港特别行政区维护国家安全公署成立4周年

7月11日：世界人口日、中国航海日、两岸企业家峰会成立11周年

7月16日：国际冰壶节

7月20日：人类月球日

7月22日：科创板开市5周年纪念日、大暑

7月23日：清洁工日

7月26日—8月11日：2024年巴黎奥运会在法国巴黎举行

7月28日：世界肝炎日、内地居民个人赴港澳地区旅游启动21周年

7月30日：世界打击贩运人口日

hello 2024

11月1日：世界植树日

11月5日：美国总统大选、长江三角洲区域一体化发展上升为国家战略6周年、世界海啸日

11月5日—10日：第七届中国国际进口博览会

11月8日：中国记者节、中国记协成立87周年

11月9日：全国消防安全宣传教育日

11月11日：中国空军节

11月12日：孙中山先生诞辰158周年

11月14日：世界糖尿病日

11月15日：北交所开市运行3周年

11月17日：国际大学生节（世界大学生日）

11月18日—19日：G20峰会在巴西里约热内卢举行

11月19日：世界厕所日

11月20日：世界儿童日

11月21日：世界电视日

11月22日：毛泽东同志批示学习推广“枫桥经验”61周年

11月23日：刘少奇诞辰126周年

11月25日：国际消除对妇女暴力日

图 4.10　2024 年部分新闻日历

案例一

“六一儿童节”策划过程

石化宝贝眼中的中国石化是什么样子？他们眼中的世界是

纯朴美好的，他们用画笔绘画作品，画画是他们表达自己的另一种语言，代表着他们最纯真的期盼。一起走进石化娃娃的画里，看看石化人与孩子之间的动人故事。

征集：石化娃娃的画。

☞具体要求：

1. 图片

①孩子创作的图画 1 张。

②孩子单人特写照 1 张。

③孩子与石化爸爸 / 妈妈合照 1 张。

2. 文字

①孩子创作画的创作背景，表达了孩子对爸爸 / 妈妈什么样的期盼，或者孩子自己的什么想法。

②孩子的昵称，年龄。

③自己的姓名 + 岗位 + 单位，自己想对孩子说的话。

图 4.11　同一主题的不同策划角度

案例二

“国庆节”策划过程

国庆节也是思路多多，灵感多多：

1. 今天，他们用自己的坚守向祖国深情告白。

2. 用“石化红”信仰守护“中国红”骄傲。

3. 石化诗词祝福祖国（可制作海报）。

4. 当中秋遇上国庆假期，这群石化“显眼包”也超有爱！（除了基层库站员工，还可以是机关不同专业领域的人员，体现“显眼”技能、工作能力、工作态度、取得的成绩等。）

5. 超长假期，我们抢冲一线帮扶保供。

以上 5 个策划，最终入选 2 个。

图 4.12 对国庆节不同策划思路的表现形式

（五）围绕热点话题

1. 策划一个“刘畊宏女孩”“毽子操”，会怎样？

刘畊宏的《本草纲目》毽子操突然爆火，看到这个新闻热点，是不是马上可以联想到本企业的“运动项目”？比如，高空作业、爬罐登顶、野外勘探、设备巡检等。是否可以把这些日常工作步骤引申成运动项目的动作？小编围绕这些灵感和思路，结合其在岗位和工作中的效益或者意义，进行了征稿：征集企业系统不同版本的“运动项目”，需要连贯动作的手势动图。

当时，从酝酿选题、敲定、征稿、组稿到最后编辑成稿，大约用了五天，最终主题策划阅读量突破 10 万。评论区大家积极留言，比如有条留言：“从接令到发车不超过 45 秒！可见平时训练付出了多少汗水！致敬，你们是真正的英雄！”还有一条留言：“人人都是刘畊宏，为了装置平稳运行，人人动起来。”等等。

由此可见，蹭热点确实能够吸引更多关注，尤其是在短时间内需要高效、准确、漂亮地完成规范动作的情况下。这也充分反映了新闻策划人过硬的技术和本领。

利用“刘畊宏女孩”“毽子操”这个热点，新闻策划人从“因为疫情，居家锻炼成为人们新的健身选择”这个角度，策划了一篇不同形式风格的推文——“运动不打烊，抗疫有力量”，征集健身给我们带来的益处和好的变化，努力健身、积极工作、积极生活的画面和内容，以及对未来生活的寄语或运动感言等。

图 4.13　围绕“刘畊宏女孩”话题的不同征稿

扫描二维码欣赏“刘畊宏男孩 / 女孩”的英姿飒爽

2. 策划一个“林黛玉文学”是不是也很有意思？

新闻策划人看到央视网的“假如林黛玉是个消防员……”这条微信，立马想出一个策划，做一个石化版的林黛玉，于是有了下面的征稿。

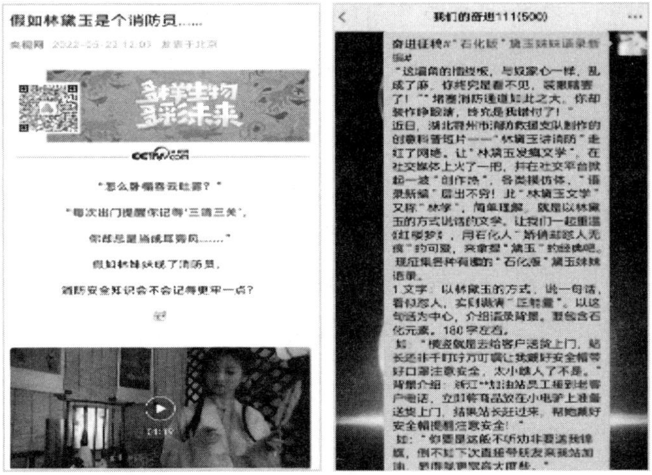

图 4.14　“奋进石化”平台策划发布石化版《假如林黛玉是个消防员……》截图

“假如林黛玉来到了中石化……”以林黛玉的说话方式、语气，结合企业来说，会是怎样的一种体验和效果呢？当策划落地，在企业学习平台发布后，阅读量过两万，反响极佳。

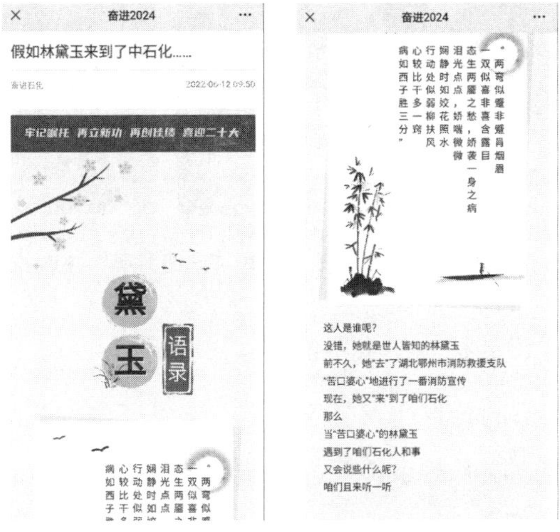

图 4.15　“奋进石化”平台发布《假如林黛玉来到了中石化……》截图

3. 那一晚的“超级月亮”大家还有印象吗？

2022 年 6 月 14 日晚，天上惊现“超级月亮”，当时编辑借着这个热点契机，策划了一个“石化带你一起赏超级月亮”的选题，征集以月亮为背景或道具，与含有石化元素的工作场景等进行融合，拍摄美照或者创意照片，创作充分表达美好心愿的诗词、散文。这种类型的策划，时效性非常强，宣传效果也会是最好的。当然，这样的推文也具有一定的挑战性，要求高效率、创新而又不能出错。发布后所获得的成就感，也是非同一般的。

图 4.16 “奋进石化”平台策划发布“超级月亮”主题推文截图

4. 注意什么样的热点不能蹭

内容低俗的热点违背公序良俗，未经证实的新闻事件，涉及他人名誉、隐私的事件等，都是需要谨慎对待的。

（六）围绕社会民生

选题策划一般是在什么样的环境下思考出来的？整个策划思考的过程如何？怎么来的灵感？如何运用和实现？如何结合企业进行宣传？下面用案例告诉你。

案例

2022年末，新冠疫情管控放开后，很多人新冠检测阳性，那个时候有一点点温情和温暖互助，大家便会觉得像一束光照进心里，满满的抚慰感油然而生，看到央视的官微号发布爱心互助的画面会很触动。

在“疫情管控放开，面对第一波大规模感染”这个大环境背景下，患者买不到药品和抗原，作为石化企业，我们可以做些什么呢？我们是否可以做一个抗“疫”暖心接力的选题策划？

因为这是社会大热点，受众的关注度肯定会很高，共鸣感也会更强。

我们策划选题时，一定要找到一个群体性的共鸣点，大家有共同的记忆，便会因情绪共振而有一种共同的参与感。

策划思路：中国石化企业保供不断档、服务不打烊，多措并举服务民生，承担社会责任。比如，石化志愿者送药到家，加油站保证物资和防疫用品供应等。

从内外宣传两个角度策划：

内宣角度：坚守岗位，履职尽责勇担当。

从健康、坚守、在岗、奉献、爱心、帮扶、支援等角度描述，或是员工与客户、司机、环卫工人间的暖心举动、爱心传递、热心服务等。

外宣角度：服务民生，承担社会责任。

志愿者送药到家，通过分享药品、亲自配送等方式守望相助，帮助顾客或急需药物的同事；加能站送黄桃罐头、送菜，卖消毒用品等防疫商品。

天津石油的一名加能站员工在便签上写下：“尊敬的客户您好，我病了，同事也都病了，如果服务不周，请您多多谅解！”简单的话语却承载着一份厚重的关爱与体谅，作为内宣，我们应该为这样克服困难、坚守岗位的员工点赞，可是如果在石化外媒体上宣传，会不会引发受众的疑问？比如，员工生病了还在岗，会不会引发企业对员工不够关爱的负面舆论呢？所以，我们在策划宣传中，一定要多角度思考，把握引导正向的宣传舆论。

当时的标题是“疫情当前，我在岗，请放心！”标题生硬，中规中矩。

最后敲定发布出来的标题是“同事都病了，请多多谅解！”有故事情景、有情绪表达，字字戳人心，在那个背景下，我们需要发出积极正能量的声音，给大家温暖和坚强的力量。

我们做选题策划，标题也很重要，因为标题直接影响这篇文章的点击量和推广率，受众是否愿意打开看，并且点赞、评论、转发、分享等，很大程度取决于标题。

图 4.17　疫情防控期间两篇推文截图

扫描二维码阅读以上两篇策划原文

总结一下，热点一直在我们身边，只要肯当有心人，就没有策划不出来的选题，也没有抓不住的新闻点。

（七）围绕知识科普

1. 知识解密类：从美好的一天离不开石油这个思路开始延展

图 4.18　石油科普

当时看到图 4.18，小编联想到一个策划思路：

女性比男性消耗的石油多……

化妆品是需要石油的，比如唇膏、发乳、发油、润肤乳、洗面膏、防晒霜等。

我们吃的食品里也有石油的作用，比如糕点、巧克力、面包……

这些都隐藏着石油的身影！

于是，从美好一天的开启离不开石油这个思路开始延展：

早晨睁开双眼，穿好衣服，衣服中 90% 以上的化纤来自石油。

然后刷牙，牙膏里的清洁成分——十二烷基硫酸钠来自石油。

清洁完开始护肤，护肤品和化妆品中的油脂、烃类等化学成分，大多数来源于石油。

打开冰箱想来顿早餐，食物的包装和保鲜也需要石油。

出门上班，代步车更需要石油。

石油就这样一点点地渗透在我们生活的每个角落，衣食住行都离不开石油。

扫码浏览我们的石油多神奇

2. 科普类：通过车主朋友们关心的问题，引申系列科普主题推文

一般石化媒体的外宣科普类文章，受众关注度很高，需要以用户思维去思考大家想看什么，要了解受众的关注点、兴趣点。

比如，95 号汽油比 92 号汽油耐烧吗？一样的车，为啥我的车比别人的油耗高？

其实，很多科普类的微信留言区，有很多车主朋友带有疑问的留言。

车主朋友们好奇什么，用户的反馈留言有些什么疑问，我们都可以将之作为思路启发点，带着这些思考进行新的科普内容产出。

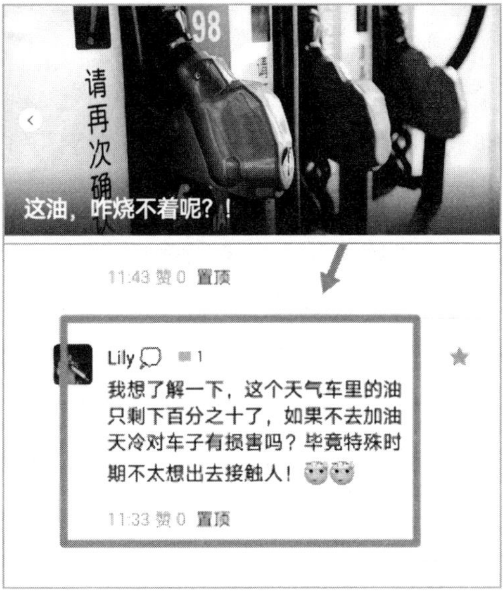

图 4.19　科普类策划的思路可以来自用户的反馈留言

案例一

科普短视频：“创意+演绎”，出圈更容易！

当下，短视频领域最火赛道当属短剧系列。依托短视频自身短平快的传播特点，科普短视频以其专业化和普适化的优点，能够迅速将知识集结，让观众及时了解相关内容，达到增加共识的效果。

故事化脚本创作将科普知识拉进生活

脚本创作是科普短视频的关键一环。首先应该明确科普短视频的两种用途，一是将知识直接输出给观众，二是通过专业解读对误区进行纠正。大众日常接触到的更多是炼化产品，却不知道这些产品是从哪里生产的，也不知道生活中衣食住行许多方面都离不开石油石化。

我们希望将专业的炼化知识传递给观众，消除大众“谈化色变”的误解，了解更多身边的石油石化产品。想到这里，从身边的石油石化制品入手制作科普短视频便是我们想到的第一个方案。

2021年，“搞事情的张工”系列正式上线，延续“一期一梗”的模式科普身边的石油石化产品，带观众领略石化装置风采，用意想不到打造“离谱科普”。

在“人一生要吃掉多少吨石油”这期视频中，开头使用举杯欲喝石油的画面吸引观众，实际上内容展现的是石油石化制品在食品行业的大量应用，进而延伸到衣食住行各方面。该视频在视频号平台点赞超1800个，播放量12.3万次，微博平台播放量超78万次，进入视频热榜，被官方评为当月优质政务视频。

致敬经典、辟谣解读也一直是我们拍摄科普视频的重要目的，但观众其实很难接受生硬的辟谣视频，强行灌输专业知识无法吸引观众目光，也就没有了辟谣的效果。因此我们用经典电影片段来讲述谣言内容，用激烈的故事冲突来破解谣言，用经典角色让观众更能加深印象，这就是我们“致敬经典”系列的创作初衷。

在“汽油里面到底掺不掺水”这期视频中，我们将当年大热的贺岁电影《手机》中的经典桥段运用其中，设置女主角为误听谣言的消费者，始终觉得排气管后的“水”就是石化企业往汽油里掺的水，男主角则在吵架冲突后娓娓道出实情，用方言解释了冬天排气管为什么带水，又用低落的情绪展现出我们辟谣工作的不易，让观众一目了然，更易于理解，事半功倍。

戏剧化视频演绎让科普内容充满感情

短剧的爆火，得益于其情节发展之迅速，也正符合当下人的快节奏需求。除了脚本创作短平优快之外，剧情演绎也是吸引人的重要一环，设置亲和于观众的角色，将戏剧化场景与科普知识相融合，让科普对象成为“有血有肉”的情感符号。

2024 年春节，一条模仿村口大爷大妈间唠嗑的短视频爆火，这引起了记者站短视频拍摄者们的注意。经过激烈讨论、思想碰撞，最终决定将各种油品拟人化，通过村口唠嗑的形式加以演绎，男女主角身穿军大衣、大花袄，用接地气的方言为大家科普新知识、辟谣假新闻，最终拍摄成为“假如汽油说真话”系列。

“假如汽油说真话”系列一经推出便收获无数流量，视频号播放量超100万次，也成为石化科普短视频中独树一帜的代表。视频下方的评论都对科普短视频的创新演绎赞不绝口，对其中“92”“95”“98”“阿针”等角色留下了深刻的印象，这也进一步证明了生动的剧情演绎让科普更真实、更接地气。

系列化IP输出把科普标签打出特色

短视频创作不是“打一枪换一个地方”，而应持之以恒地积累粉丝黏性，将正能量传递给更多观众，这才是最终目的。因此短视频创作除紧跟时事热点外，创作适合本账号定位的系列IP也十分重要，好的IP可以固定创作者风格，吸引各圈层受众。在此基础上，向下加入潮流元素，向上融合文化内涵，让科普更具特色，更有新意。（来源：采编加油站）

图4.20　科普短视频截图

案例二

从构思到成品：趣味科普短视频的诞生之路

我是来自上海石油的唐红如，近些年以“糖糖”形象在报社各视频号出现，被多数人所熟知。今天，糖糖想从基层角度分享短视频创作心得，尤其是如何将“干巴巴”的科普视频变得有料又有趣。

理解与研究

科普类短视频是通过生动有趣的形式，将晦涩难懂的专业知识，用大众容易接受的语言和简单易懂的画面予以展现的。

中国石化视频号中的科普视频热度很高，在创作此类视频的时候要格外关注内容的准确性和权威性。通常，我拿到一个选题后，会第一时间寻找相关的专业资料，查阅中国石化报社运营的各个媒体所发布的权威内容，以此作为参考。

此外，我会通过电话或者现场咨询单位内从事相关工作的“行家里手”，听取他们的专业见解，对视频内容进行更深入的了解。

创意与策划

透彻理解选题后，将晦涩难懂的专业知识转化为引人入胜的故事是做好视频的关键。

我在撰写脚本时，往往会结合加油站真实发生过的故事，增强与观众的情感共鸣，使观众感到视频中的人和事都是真实鲜活的，从而增强亲和力，降低观众的心理防御。视频开头，可设置悬念或提出问题，激发观众的好奇心，促使他们继续观看。

视频的中间部分，可以设计一些小剧情或互动环节，提高视频的趣味性，让纯粹的科普变得不再乏味。

条件允许的情况下，也可以在拍摄现场进行小实验，直观展现科学原理，让观众能够亲眼看到现象的发生，增强说服力。

视频接近尾声时，不要急着结束，要强化与观众的互动，这样不仅能够拉近与观众的距离，还能增加评论区的互动性，鼓励观众留言表达自己的观点和疑问。

制作与后期

人物出镜固然重要，但在科普类短视频中，真人演绎有时不足以达到理想的效果，这个时候就需要后期制作的辅助。

音乐和音效就像视频的灵魂伴侣，可以让视频感情更充盈，让作品充满魅力。

如果画面显得有些单调，不妨加些动画和图形元素，这样不仅能突出重点，还能让观众更有新鲜感，也更容易接受。

当我们想传递的信息量很大，但碍于时长，不便全部通过语言来表述时，可以利用字幕或图释帮助解释复杂难懂的概念，确保观众轻松跟上节奏。

相信将以上这些元素巧妙融合，短视频效果就会在视觉和情感上实现质的飞跃。

推广与反馈

视频发布后，要关注后续的媒体推广，积极与观众互动，回复评论、重视反馈，这样不仅能增加观众的参与度，还能根据反馈不断优化后续的内容创作。（来源：采编加油站）

图 4.21 糖糖制作的科普短视频截图

（八）注意关键因素

1. 明确目标

首先要明确策划的目标。例如，结合热点、提高品牌知名度等。

2. 了解受众

了解目标受众的特点、需求和喜好，以便编写出更有针对性和吸引力的文案。

3. 确定信息

根据目标受众，确定需要传达的核心信息，并从中挑选出最具说服力和吸引力的内容。

4. 选择平台

根据目标受众的特点和喜好，选择合适的媒体平台进行宣传推广。

5. 撰写文案

根据上述步骤制订好文案计划，撰写符合受众需求、表达清晰且有吸引力的文案。文案要面对不同人群，不同人群有不同的文化水平，不同文化水平需要不同的文案风格，只有深入了解不同人群，才能写出符合其口味的文案。

6. 整体效果

采用吸引目标受众的新颖排版，让文案效果最大化。技巧就是把最有吸引力的部分凸显出来，让读者愿意继续看，引发读者共鸣点赞，并分享推广。

7. 监测反馈

平台发布后及时监测反馈情况，通过浏览量了解目标受众的需求，不断优化提升。做好策划不仅要积累阅读量，拓宽自己的知识面，练好文笔，也要认识到改稿子是家常便饭，我们要不怕失败，不怕反复修改稿子。

（九）注意选题分类

1. 突发事件

传递正能量，用最短的时间把故事讲清楚。

2. 社会热点

紧跟社会热点，结合企业相关内容进行宣传策划。

3. 重大项目

展现国家力量、央企力量和社会责任、政治责任、经济责任。

4. 业务发展

通过新业务展示企业技术创新，分享与消费者利益息息相关的信息。

5. 行业科普

以通俗易懂的方式普及知识，客观描述，点燃用户对未知事物的好奇和热情。

6. 爱心公益

多角度体现企业的社会责任。

7. 澄清辟谣

解疑释惑、澄清谣言，做到有理有据。

8. 员工形象

展现企业员工良好形象，宣传产生积极影响的好人好事。

9. 创新创造

聚焦“三新”——新能源、新经济、新材料。

10. 节日节气

策划节气、节日等主题作品，主要拼创意。

11. 保供服务

结合当下的时事热点，提供保供服务。比如，在高考、两会等大家重点关注的时间段内提供保供服务。

12. 凸显榜样

表彰获得年度公司级及以上重要荣誉的先进集体或个人的重要事迹和先进经验。

13. 企业招聘

发布企业每年校园招聘。

总之，生活是灵感和思路的来源，也是策划创作的重要源泉。无论是选题策划还是撰写新闻报道，都需要我们时刻做一个有心人，多看、多听、多思、多想，学着从受众的角度思考选题和内容，关注受众是否有兴趣、是否有共鸣。策划是一场从无到有的精神活动，相信有心的人都会妙笔生花。

中国石化启动2024年春季校园招聘！

中国石化 2024-04-28 18:29 北京 101人听过

中国石化启动2024年春季校园招聘

同学们快来报名！

为全面贯彻落实党中央、国务院关于就业工作决策部署，中国石化正式启动2024年春季毕业生招聘。

图 4.22　中国石化 2024 年春季校园招聘

扫描二维码阅读原文

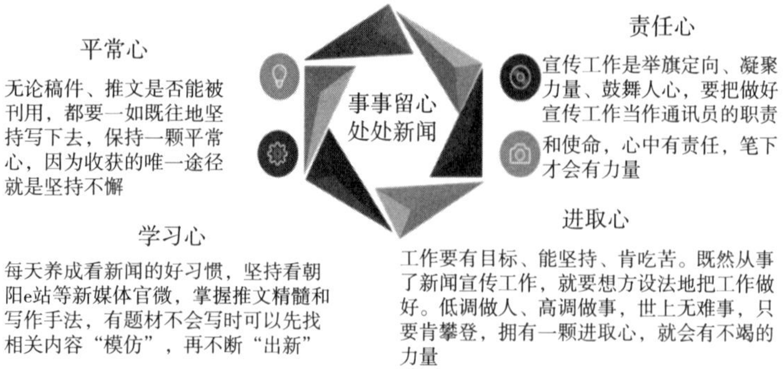

图 4.23 新闻策划要有“四心”

二、标题制作“三注意”

标题是内容的“眼睛”，一直作为流量入口而存在，对内容的传播起到至关重要的作用。企业搭建的新媒体学习平台，推出的内容产品也受到标题的影响。

标题不仅构建着企业的内容生态，也影响着内容的传播效果和文风变化，其吸引力、感染力和共鸣力，直接决定了受众注意力分配的比重，进而影响“点击率”和“转发率”两大核心要素。

做好标题守正创新的文章，要认识标题的特点，把握标题制作的原则，认准标题制作的核心着力点，标题要引发读者好奇心，实现企业学习平台内容的高效传播，提高内容制作的有效性。

（一）注意特点

1. 篇幅具有随意性，呈现线性特征

传统媒体标题存在层级结构，可用引题、主题、副题展现多层级标题，实现对新闻事件的全方位阐述，更好地表达事实信息。例如,《人民日报》2023 年 1 月 14 日第 7 版的一篇文章，肩题为“在长白山腹地，百年古村静静扎根”，主题为“林深炊烟起　雪满木屋村”。企业学习平台标题从篇幅上受制于不同平台的发布要求，标题的字数不一，从单字标题、词语标题到复合长句标题不等，具有较强的随意性。并且由于阅读习惯的改变，企业学习平台标题一般不分引题、主题和副题，而是呈现一种线性结构。例如，新闻联播微信公众号 2021 年 5 月 11 日发布的一篇推文《1921 → 2021》。

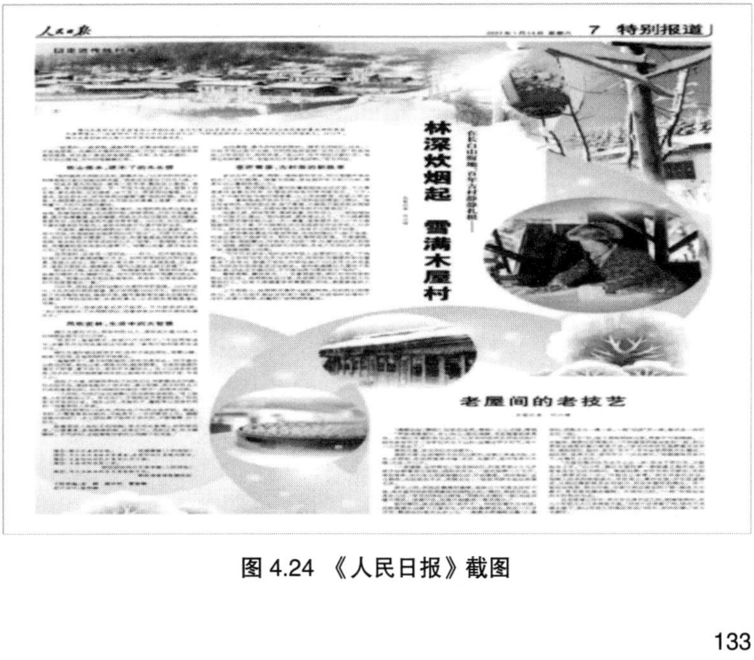
7　特别报道

林深炊烟起　雪满木屋村

老屋间的老技艺

图 4.24 《人民日报》截图

图 4.25 新闻联播微信公众号文章截图

2. 标题与正文产生阅读分离

与传统媒体不同的是，企业学习平台标题呈现在正文的前一级页面，与正文分离。用户看到的是所有文章的标题列表，需要用户点击标题进入正文。用户是否点击进入浏览阅读，与标题有着直接的关系。同时，企业学习平台标题列表中字体、字号、颜色使用统一的规格，无法像传统媒体一样用字体、字号等方式凸显重要稿件，所以只能通过标题的内容和表达来确认稿件是否吸引读者。

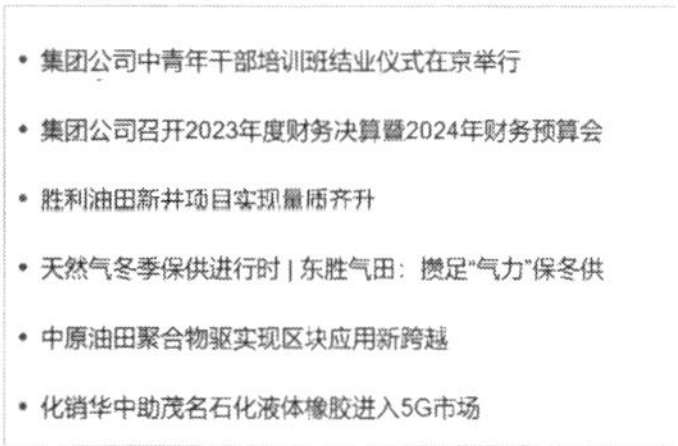

图 4.26 中国石化新闻网标题列表截图

3.“标新立异”融合网络热词

企业学习平台内容策划需要增强趣味性，避免同质化，有时会依据近期的热点事件、网络热词扩展话题，寻求流量热度的支持，同时在“旧题”中增加“新意”。

2023年，抖音App上热度急升的背景音乐（BGM）《我姓石》，其因洗脑的旋律、流畅押韵的歌词以及被选为杭州亚运会背景音乐而一度成为网络热门讨论词条。灵活结合“奋进石化”的工作实际和热点事件，我们以“我姓……”为策划灵感，推出了两期文章，分别是《我姓严，严细实的“严”》和《我姓石，石化人的“石”》，这两篇文章既富有趣味性又具有创新性。

此外，我们巧妙地运用了“墙都不扶，就服你”等网络热词，通过谐音处理将“墙”与“强”相结合，创作了一组同音词标题《扶石化墙，服石化强》。运用这一创意手法创作的多篇文章全方位地宣传了企业文化。

图4.27 《我姓石，石化人的“石”》《我姓严，严细实的“严”》截图

图4.28 《今日宜奋斗，忌躺平》《扶石化墙，服石化强》截图

（二）注意原则

1. 坚持“真”为第一要义，突出新闻价值

无论传播的媒介如何变化，传播对象对信息一直保持“求真”的要求不变。因此，企业学习平台推出的内容信息标题，应在基于新闻事实的前提下精心编写。

掌握基本的新闻事实是基础，对新闻价值有正确的判断，才能保证我们的标题制作“不出格”，表达“不失真”。例如，《人民日报》推出《“丰县生育八孩女子”事件十三问》，标题直接点明主要新闻事件，同时以“十三问”的形式对社会大众关注的焦点进行一一回复，提高了传播的公信力。

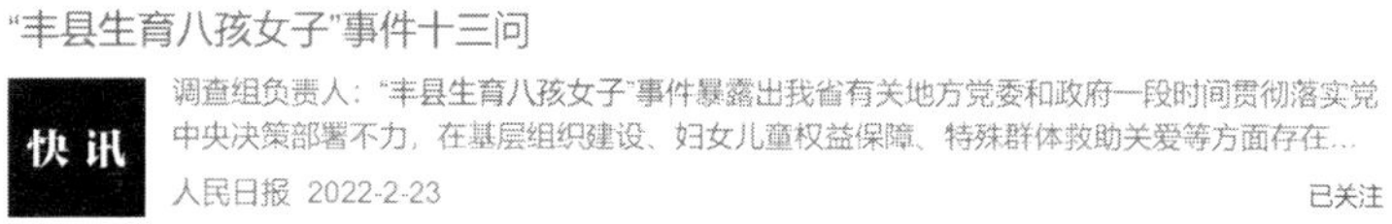

图 4.29 《人民日报》微信公众号发布推文《“丰县生育八孩女子”事件十三问》截图

重大的国际新闻受众关注度高，传播基础相对较好，所以标题更应该直截了当地点明主要事实。例如，央视新闻微信公众号战事报道文章标题为《俄军事行动继续，基辅发生猛烈交火！俄乌局势最新进展》，直接将受众最为关注的最新实时战况交代清楚。

又如，在中国石化科研团队的努力下，打造了一条连接地面和地下油气层的“高速公路”，以 9432 米的钻进深度刷新亚洲深井纪录，“奋进石化”平台迅速发布标题为《“深地一号”

刷新亚洲深井纪录》，直观表达最新科研成果的诞生。

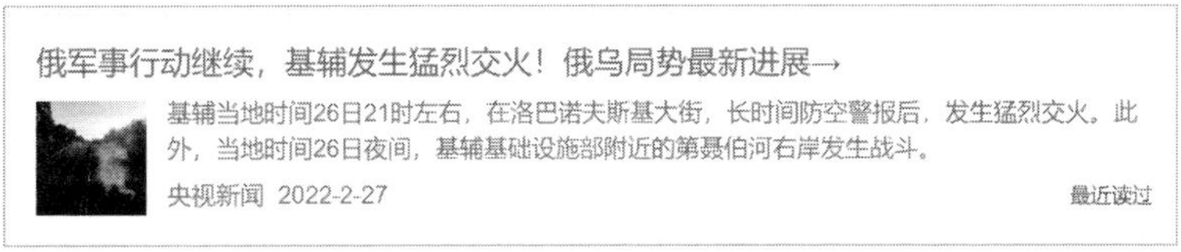

图 4.30 央视新闻微信公众号发布推文《俄军事行动继续，基辅发生猛烈交火！俄乌局势最新进展》截图

图 4.31 “奋进石化”平台发布新闻《“深地一号”刷新亚洲深井纪录》截图

2. 把握“新”为重要宗旨，突出宣传价值

标题对“新”的要求一部分体现在“事件新”，即对“新近发生的事实的报道”。企业学习平台在制作标题时应充分考虑新闻及时性原则，找准新闻宣传点，以实现快速传播的目的。

2019 年，新华社开创的爆款标题“刚刚体”被迅速接纳并传播，包括党媒在内的许多媒体开始频繁使用，甚至被网友称为“标题越短，事件越大”的典型。

2020 年，新冠疫情来势汹汹，关于各地口罩等医疗资源紧缺的新闻铺天盖地。在这个特殊时期，中国石化官方微博于 2020 年 2 月 6 日发布了一条“我有熔喷布，谁有口罩机”的帖子，引爆全网，阅读量超过 1000 万次，也被称为“疫情期间的英雄帖”。之后，中国石化报微信公众号于 2020 年 3 月 6 日发布推文《震撼！记者现场蹲守熔喷布装置投产》，记录了中国石化“12 天建成一个厂”的石化速度，快速响应“国家需要什么，我们就生产什么”的号召，体现中央企业的责任与担当。

企业学习平台在制作标题时，要符合新闻及时性要求，充分挖掘具有新闻宣传价值的内容，将内容传播至更广泛的受众领域。

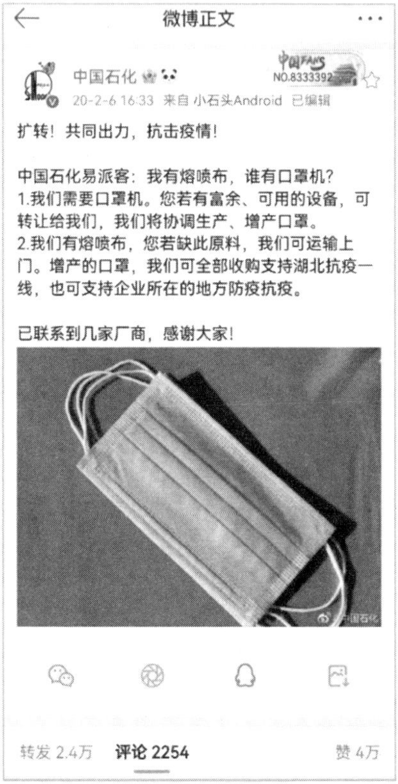

图 4.32 中国石化官方微博 2020 年 2 月 6 日发布的帖文截图

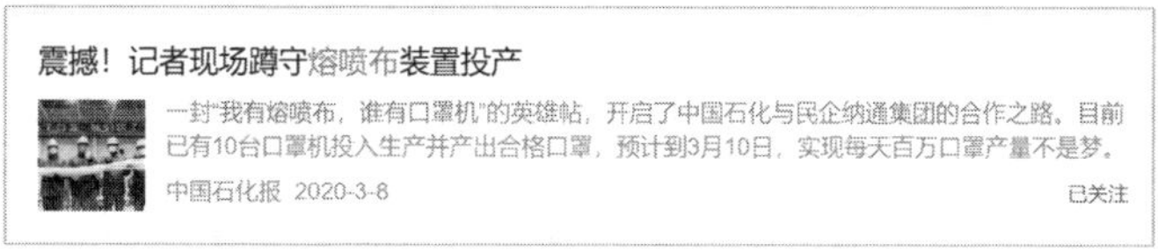

图 4.33 中国石化报微信公众号发布推文《震撼！记者现场蹲守熔喷布装置投产》截图

3. 力求“精”为基本要求，突出文辞练达

文辞精粹不仅要求文章语言精练，标题语言也要做到简洁明了。《文心雕龙·熔裁》中道：“句有可削，足见其疏；字不得减，乃知其密。”可见标题制作应力求以“精简、精准、精心”为基本准则，能快速与受众产生连接。

首先，“精简”要求标题制作时应在要素齐备的条件下尽可能简短地表达新闻事实。简短的标题能够使读者快速浏览和理解内容。在企业学习平台单行线性标题中，精简的标题更有利于受众获得信息。

其次，“精准”要求标题和正文具有一致性，标题能够精准总结提炼正文的中心思想，达到点睛效果。

最后，“精心”要求标题制作用心打磨，曾任新华社社长的胡乔木说，“有时想一个好的标题，等于写文章所用精力的三分之一”，可见精心制作一个好标题的重要性。

1955 年，毛泽东同志在编写《中国农村的社会主义高潮》一书时，对书中大部分材料重新拟定了题目。例如，原题共 33 个字的《天津市东郊区詹庄子乡民主、民强农业生产合作社如何发动妇女参加田间管理》，他挥笔改成 9 个字的标题《妇女走上了劳动战线》，把原来冗长、累赘的标题，改得简练而醒目。

人民日报微信公众号在报道中国石化“深地一号”破纪录时直接使用标题《9432 米！刷新纪录》，简洁明了地表达了新纪录的重大突破。

9432米！刷新纪录

人民日报 2023-11-16 16:26 发表于北京

中国石化15日宣布，公司部署在塔里木盆地的“深地一号”跃进3-3XC井测试获得高产油气流，日产原油200吨，天然气5万立方米。**该井完钻井深达9432米，比珠穆朗玛峰的高度还要多出580多米，刷新亚洲陆上最深井纪录。**

图 4.34　人民日报微信公众号发布推文《9432 米！刷新纪录》截图

（三）注意技巧

1. 掌握流量密码，跟踪热点选题

企业学习平台因其网络媒体的属性，在内容制作时，策划选题尤为重要。

选题决定了标题。选题与标题相同点在于都要聚焦于目标人群、中心思想；不同点在于，选题是对写作前进行的综合性思考的总结，标题是文章传送给目标人群的先导信号，标题要

最大限度地吸引目标人群的注意。

在充分考虑受众需求的情况下，要精准把握“用户画像”规律，锁定用户人群。企业学习平台的用户人群是企业员工，策划时要对员工关注的内容进行细分，挖掘用户关注焦点、兴趣爱好，增强用户与平台之间的互动与黏性；要基于传播规律和热点传播效果，紧跟时事热点进行选题策划，做到应势而动，顺势而为，抓住流量增长点。

不同平台的流量热点也有区别：短视频平台热点通常和BGM相关，图文传播平台更倾向于热点话题的讨论。所以在寻找热点选题时，也需要根据传播平台的特性差异进行标题制作。例如，2022年北京冬奥会时期冰墩墩爆火，中国石化微信公众号借着冰墩墩的热点，宣传加氢站和碳纤维，快速达到10万+阅读量，宣传效果显著。

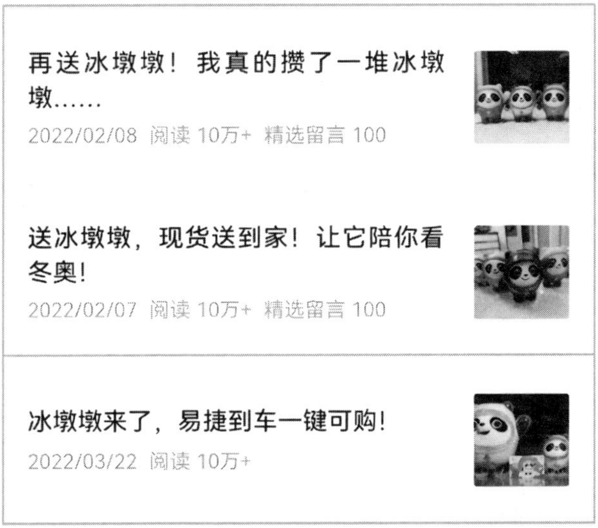

图 4.35　中国石化微信公众号发布冰墩墩相关推文阅读量突破 10 万截图

2. 巧用语言设计，彰显推文亮点

虽然通过标题设计能够更好地获得关注，但是如果采用不讲原则、夸大事实、以偏概全、故弄玄虚的方式，只能成为骗取流量的“标题党”，容易引起受众的反感。

企业学习平台在标题制作中需避免“标题党”的误区，要巧妙设计语言，体现文辞结构的精巧。同时，要挖掘细节，使标题场景化、动态化，通过生动感人的细节表现动态场景，让标题更有画面感和亲切感，以此吸引更多点击。此外，要利用冲突，使标题更具悬念和反差，平衡标题的严肃性和活泼感。有时一个具有反差感的标题能够带给受众不同的阅读体验。

人民日报微信公众号以《“北大保安第一人”，27 年后怎样了？》一文，讲述了那个 27 年前名叫张俊成的保安逆袭成为北大学生的故事，通过标题设置悬念。

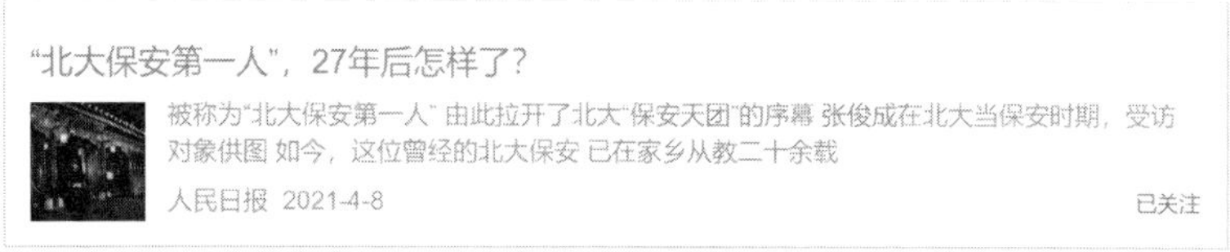

图 4.36 人民日报微信公众号发布推文《“北大保安第一人”，27 年后怎样了？》截图

新华社庆祝新中国成立 70 周年推出的微纪录片《15665，611612！》被评为第三十届中国新闻奖融合报道特别奖，作品在海内外总播放量达 7.28 亿次，收获点赞 4036 万。其标题中的数字是歌曲《没有共产党就没有新中国》曲谱手稿上第一句旋律的简谱，标题中留下的悬念，在视频中做出了解答。

图 4.37　新华社微信公众号推出微纪录片《15665，611612！》截图

3. 体察微观切口，注入真挚情感

面对大量的工作性报道和宏观事实新闻，标题制作容易陷入喊口号的形式主义且流于空泛，要寻找更细致的微观切口，以点带面，反映大主题，寻找能和受众达成一致的情感共鸣点，情感注入要适度，谨防陷入情绪的自我感动。同时标题制作讲究客观真实，强烈的主观情感和鲜明的道德评判会先入为主，影响受众获取信息的质量。

人民日报微信公众号 2022 年 1 月 2 日推出的《“他露出党员徽章的那一刻，我的眼泪都要出来了”》，是以一位网友在新疆游玩的难忘经历为主题，用文、图、视频组合的形式展现。推文主要内容是，2021 年夏，正在新疆旅游的网友在车辆行至阿克陶县木吉乡时，不幸陷入泥地。正在他们一筹莫展之时，两名当地牧民骑摩托车路过，二话不说想尽办法帮忙推出车子。最后牧民不收网友的感谢钱，而是对着镜头指了指自己胸前的党员徽章。无私的帮助和信仰的力量，让人十分感动。文章推出不久，即成“出圈”爆款，多个官方微信公众号进行转载。

“他露出党员徽章的那一刻，我的眼泪都要出来了”

人民日报 2022-01-02 18:20 发表于北京

图 4.38 《人民日报》推文《“他露出党员徽章的那一刻，我的眼泪都要出来了”》截图

4. 汲取精神力量，传递正向价值

内容产品在社交沟通中成为价值传递的载体，用户在阅读浏览内容的过程中会从中汲取精神力量，在寻找认同感和价值感的过程中，也会被赋予“真善美”的正能量。企业学习平台进行标题制作时，也需要借助标题引导积极向上的正能量态度，凝聚共同进步的奋进合力。

人民网微信公众号 2024 年 4 月 23 日推出的《毛豆，欢迎你“回家”！》，讲述了 2024 年初，一个名叫毛豆的小男孩因刷优待卡乘车被质疑，引发全网关注，听着男孩讲述被误解的过程，听着妈妈轻声安慰的话语，许多人的心也随之颤动。2024 年 4 月 23 日是人民海军成立 75 周年纪念日，中国海军在青岛、上海、广州等地举行军营开放活动，展示多型海军现役主战舰艇，特意邀请毛豆参观。官兵们整齐列队、夹道欢迎，一句“欢迎嫂子、毛豆回家”，向军人遗属致以崇高的敬意和真挚的问候，温暖了毛豆一家，也感动了无数网友。每一个英雄儿女，祖国都会铭记！

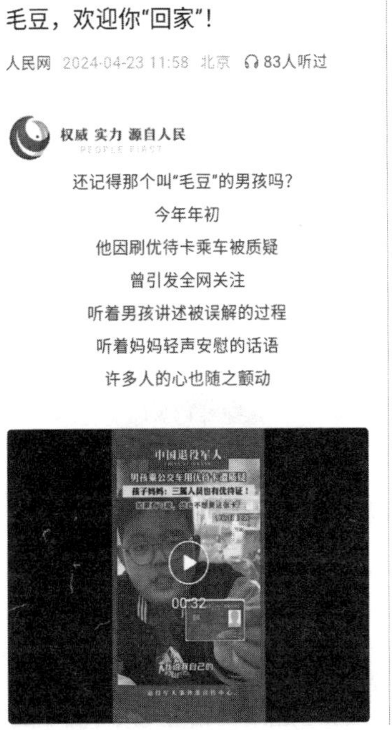
毛豆，欢迎你“回家”！

人民网 2024-04-23 11:58 北京 83人听过

权威 实力 源自人民

还记得那个叫“毛豆”的男孩吗？

今年年初

他因刷优待卡乘车被质疑

曾引发全网关注

听着男孩讲述被误解的过程

听着妈妈轻声安慰的话语

许多人的心也随之颤动

图 4.39　人民网微信公众号发布推文《毛豆，欢迎你“回家”！》截图

新华社微信公众号 2024 年 5 月 4 日推出的《梅大高速下跪拦车的好心人，找到了》，讲述了 2024 年 5 月 1 日，广东梅大高速发生路面塌方灾害，眼看车辆接连掉落，情急之下，一位老人跪在路上，拦住了后方车辆的事迹。通过当事人黄建度的亲身讲述，重现了当时救人的现场状况。64 岁黄建度的一跪，是为了生命的一跪，比黄金更贵重，很多网友被这一幕打动，纷纷留言，“真正的英雄图片”“这一跪，将生命高高托起！”……

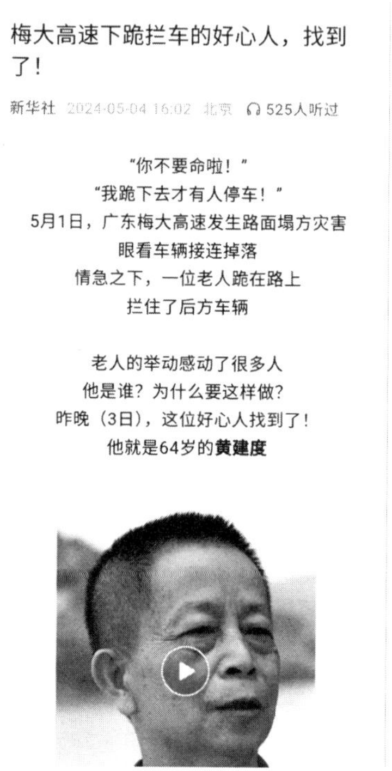
梅大高速下跪拦车的好心人，找到了！

新华社 2024-05-04 16:02 北京 525人听过

“你不要命啦！”
“我跪下去才有人停车！”
5月1日，广东梅大高速发生路面塌方灾害
眼看车辆接连掉落
情急之下，一位老人跪在路上
拦住了后方车辆

老人的举动感动了很多人
他是谁？为什么要这样做？
昨晚（3日），这位好心人找到了！
他就是64岁的**黄建度**

图 4.40 新华社微信公众号发布推文
《梅大高速下跪拦车的好心人，找到了！》截图

三、导语写作“二十法”

何谓导语？导语是新闻的开头，一般指全篇新闻内容开头部分的第一句话或头几句话，或第一个自然段。导语是吸引读者的第一个新闻内容，是对全篇新闻内容的高度浓缩和准确概括，正所谓“立片言以居要，乃一篇之警策”。

新媒体时代，读者被繁杂的信息包围，如报纸、电视、各类自媒体账号、社交软件等。过载的信息让读者变得越来越浮躁，一旦导语不能勾起读者的兴趣，读者便会立即退出。

有人用一句话强调了新闻导语的重要性：“如果你没有在第一句话给读者留下深刻的印象，那就不要再写第二句了。”一段吸引眼球的导语，往往是一条好新闻的先决条件。

新闻稿件的导语可谓全篇的灵魂。如何让读者对文章“怦然心动、一见钟情”，恨不得一口气读完，就像被诱饵吸引的鱼儿般如痴如醉？那就需要对导语进行精心打磨，力求简明扼要有特点，一语道破新闻主题。此处借鉴大量优秀的新闻作品，总结归纳以下 20 种写法，供大家参考。

1. 开门见山法

新闻最重要的就是“新”，导语便是要把最新的消息简单明了地表达出来，让读者理解发生了什么。对于新闻的基本要素——5W［“When”（何时）“Where”（何地）“Who”（何人）“What”（何事）“Why”（何故）］进行慎重衡量，从诸多内容中找到最新、最重要的事件，突出读者真正关心的事实，全面展示新闻主旨，揭示文章内涵，做到通俗易懂、朴素自然、形象生动，用最简单的话语直截了当地讲清楚时间、地点、人物、事件、结果。

案例一

石家庄炼化首次批量生产抗菌聚丙烯产品

石家庄炼化与化销华北、北化院合作攻关，10月产出300吨Y24-C抗菌聚丙烯产品，这是该公司首次批量生产抗菌聚丙烯产品。（来源：中国石化新闻网）

案例二

“余热+绿电”江汉油田首个碳中和示范点正式运行

日前，江汉油田首个“余热+绿电”碳中和示范点在王场联合站正式运行。（来源：奋进石化）

2. 一语中的法

如果把新闻比作饭店，那么标题就是饭店的招牌，要放在醒目的位置。导语便是特色菜，要抢眼，要直击人心，要牢牢抓住内容中最重要的事实，用最短的文字一语道破，营造气氛，起到开门见山、立竿见影的效果。

案例一

你要写大熊猫，就不能只写大熊猫

丫丫，终于回国啦！（来源：央视新闻）

案例二

她，再次担任“01”！

她叫张润红，是我国首位女性“01”号指挥员。（来源：《人民日报》）

3. 设置悬念法

“悬念”又称“扣子”或“关子”。老话有“卖个关子”，说的就是有事先不说，设置悬念或故弄玄虚。在新闻导语上设置“悬念”，就是要吊起读者的胃口，“逼”得你不得不读下去。如何“卖关子”？那就要抓住新闻中的矛盾点、跌宕起伏的情节，构成耐人寻味的悬念，牢牢抓住读者的好奇心，引导读者寻求问题答案，给人“山重水复疑无路，柳暗花明又一村”的感觉。

案例一

世界首次！赛场上运铁饼的“小狗”，成了“显眼包”

“快看！赛场上有‘小狗’。”（来源：央视新闻）

案例二

凌晨3点的街头，包子铺老板娘出手了

凌晨3点的街头，一个穿着纸尿裤的孩子，边跑边哭，手足无措。下一刻，包子铺的老板娘出手了。（来源：《人民日报》）

4. 化静为动法

陈望道先生曾说：“所谓流动，就是文章中事迹时时开展进行，事迹进行没有停顿的意思。我们整理记叙文的材料，必须使这流动在记叙文中处处寻觅得出。”新闻是源于记叙文的一种报道事实的文体，侧重反映客观事实的变动，而导语作为新闻的第一个层次，单纯使用静态的记叙手法表达，往往会显得枯燥无趣，索然无味。因此，在导语写作中，不仅要着力提炼精髓，表述上也要动静结合，化静为动。让导语具有流动感，使新闻鲜活灵动，富有生气，凸显人物的具体特征，反映变动事件的发生过程。

案例一

黑油山：源出希望，凝住城池

沙土皲裂的黑油山上，凌锥状的花岗岩石碑正攀向云层。山丘上众多的小油沼里正汩汩冒出石油，一个个油泡努力迎着朝阳展现自己最饱满的一面。（来源：《克拉玛依日报》）

案例二

敦煌“姊妹城”，藏不住了

行走在戈壁滩，偶遇一个俯卧酣睡的婴儿，邂逅一座纯白镂空的唐式建筑。这是进入了奇妙的梦境，还是闯入了海市蜃楼？（来源：央视新闻）

5. 拟人修辞法

拟人修辞法就是将事物赋予人的外貌、动作、个性或情感，通俗来说，就是把“死”的写“活”。导语作为文章的“头彩”，鲜活生动的文字更能引人注目。因此，在提炼导语时，可以巧妙地运用一些拟人手法，让原本死气沉沉的文字跃然纸上，如此，报道的对象便能栩栩如生，充满“人情味”，给人一种亲切感。

案例一

在超高温的“地下珠峰”，“热面条”怎么钻进油层?

地球是宇宙中一颗美丽的星球，它有一颗火热的心脏。(来源:《中国石化报》)

案例二

时隔163年，五兽首首次重聚圆明园

163年了，牛首、虎首、猴首、猪首终于回到了自己在圆明园的“家”，并与马首团聚，这一幕让人感怀。(来源：人民旅游)

6. 数字对比法

数字是反映事物量的基本概念，人们常说，数字是抽象无趣的，但用数据说话无疑是最直接、客观的表达形式，也是最精确、最有说服力的。新闻中确切的数字往往是人们关注的重中之重，将其巧妙地列举到导语中，增加导语的可读性，提高新闻的价值，让读者在难忘的同时加深思考。

案例一

一组数据，看脱贫攻坚战中的人民子弟兵

在脱贫攻坚战中，全军部队共定点帮扶4100个贫困村、29.3万贫困户、92.4万贫困群众。帮党建强堡垒、帮教育拔穷

根、帮医疗送健康，一组数据，带你了解脱贫攻坚战中的人民子弟兵！（来源：央视军事）

案例二

重磅！中国“深地一号”获高产油气流！

11月15日，中国石化“深地一号”传来了好消息。部署在塔里木盆地的“深地一号”跃进3-3XC井，测试获得高产油气流。日产原油200吨，天然气5万立方米。该井完钻井深达9432米，刷新亚洲陆上最深井纪录。（来源：中国石化）

7. 速写勾画法

“速写”是绘画中造型的一种形式，寥寥几笔便能简练而精确地捕捉对象的主要特点。在提炼导语时，过于冗杂的叙述会使整篇新闻稿黯然失色。在新闻的开头，采用一定的文学手法将人物、环境或地点简单描述几笔，勾勒出一幅生动的图画，让读者身临其境，如见其人、如见其景，这无疑会增强新闻的可视性及可读性。

案例一

长江经济带的“输油泵”

深秋的宁波舟山港，细雨微凉，中国石化册子岛油库群山环绕，油罐次第铺开，一艘满载原油的30万吨级油轮自中东而来，停靠在码头，它将在两天内完成接卸。（来源：中国石化微博）

案例二

白鹭与中安联合有个"约定"

蒹葭苍苍，白露为霜。白露刚至，白鹭又至。仿佛是与中安联合有个约定，纵横的管廊下、装置前的草坪上，成群结队的白鹭翩然而至。秋高气爽时节，在中安联合现场的角角落落，随处可以欣赏到白鹭婀娜多姿的身影。（来源：奋进石化）

8. 巧用背景法

一篇完整的新闻稿离不开背景的加持，有的是历史的补充，有的是人物的生平，有的是报道对象的简介，这些材料的补充，增加了新闻的知识含量，突出了主体的具体特征，使得整篇内容更加清晰丰满。因此，将背景介绍作为导语放到文章的开头，无疑能起到锦上添花、画龙点睛的作用。

案例一

苍穹巨灵！

南极洲位于地球最南端，总面积约 1400 万平方公里。南极是地球上冰雪量最多、气候最寒冷、暴风雪最强烈的地区，然而无论环境多么严酷，"冰雪家园"里依然充满了生机与活力。（来源：新华社）

案例二

勤俭节约小妙招，抓紧来 Get！

一粥一饭，当思来之不易；半丝半缕，恒念物力维艰。中国石化各企业积极倡导节约资源、低碳生活，致力于提升资源利用效率，减少资源浪费，将勤俭节约变成一种习惯。今天，一起来看看有哪些“小妙招”。（来源：奋进石化）

9. 古诗名句法

五千年文化，三千年诗韵。中国的诗词歌赋历经数千年仍在历史长河中熠熠生辉，以其特有的魅力陶冶着读者的灵魂。名句，可以是寓言，可以是歌曲，也可以是警句，它们精辟有力、富有深意。采用恰当的古诗名句作为导语，不仅意境深远，而且富有文学情趣，能在增加新闻厚重感的同时，引起读者的情感共鸣。

案例一

在青春的赛道上奋力奔跑

——第一届全国学生（青年）运动会成功举办观察

“给青春发一份请柬，邀约在美丽山水间……”伴随第一届全国学生（青年）运动会主题曲《青春遇见》的旋律，一场青春之约在八桂大地精彩上演。（来源：共青团中央）

案例二

今天，你发现了吗?

身披安全带，腰挎巡检包。头戴小黄帽，欲把问题抛。上可穿高塔，下可入地坑。管廊架上走，势把第一争。（来源：奋进石化）

10. 烘云托月法

老话说："绿叶衬红花，烘云托明月。""烘云托月"原本是中国水墨画的一种绘画技巧，运用此技巧可使画作物象鲜明，主题突出，现多用于写作中，常指不直接描写主要对象，而用相似或者有对照性的物品、事件、环境进行陪衬或反衬。在导语中，通过对次要事物的描绘来烘托主要事物，这样不仅能使描述对象光彩夺目，也能营造出一种"音在弦外"之感，让读者回味无穷。

案例一

他拍下感动全网的"防火长城"，背后细节更难忘

红色是肆虐的山火，蓝色是抗击山火人群的头灯，他们筑起了"防火长城"，也是巍峨绵延的精神长城。（来源：《人民日报》）

案例二

"踏浪者"|石化优秀故事百篇

温常压井的夜班一上就是10年，每年出海天数220天以上。平台经理心怀歉疚："把夜班交给他我才放心，这么长时间，就是苦了他了。"妻子说："以前总觉得我苦，现在才知道，他在海上经历着怎样的艰辛。"他对自己发狠誓："就是崩了这口牙，也要啃下高温高压这块硬骨头！"（来源：奋进石化）

11. 抑扬顿挫法

音乐中的抑扬顿挫讲究的是旋律的承接契合，声音中的抑扬顿挫讲究的是高低起伏，而新闻中的抑扬顿挫指的是对新闻事件的描写波澜起伏、停顿转折。新闻导语或先扬后抑，或先抑后扬，或众人争议，为的是使文章情节多变，节奏鲜明，内容一波三折，跌宕起伏，让读者在一起一伏、峰回路转中见本质。

案例一

汶川地震中失去一条腿的他，成为轮椅网球运动员！

15 年前，在汶川地震中，他为救两名同学，致右腿被截肢。如今，他成了一名轮椅网球运动员，并在杭州亚残运会轮椅网球男子比赛中，取得了第四名的成绩。(来源：《人民日报》)

案例二

他是我国首批航天员之一却未能飞天，
但他的故事值得所有人知道

他曾是一名航天员，在 16 年的航天员生涯中，一次次接受挑选却从来没有“飞天”，但他无怨无悔，甘愿为载人航天事业奋斗终身。他就是吴杰，曾是中国人民解放军航天员大队首批航天员兼航天员教练。(来源：央视新闻)

12. 特写镜头法

特写镜头，是摄影艺术的一种表现手法，指采用近距离拍摄，选取拍摄对象的细节或者局部加以放大突出。导语写作同样可以采用细节放大的表现手法，选取人物的某一特征，或者截取事件有特点的片断、情节，用一连串“特写镜头”，着重描写精彩瞬间，给读者带来一场视觉盛宴，牢牢吸引住读者。

案例一

金总和他的银色之梦 | 石化优秀故事百篇

在实验楼走廊一头有间不大的屋子，透过门口的玻璃窗，一眼就能瞧见里边堆得如小山一般的资料。再加上一张斑驳的书桌，一台老式电脑，一个有些掉皮的搪瓷杯子，几乎便是这间屋子里全部的“家当”了。这间屋子的主人便是全国劳动模范、北化院燕山分院原副总工程师、银催化剂领军专家金积铨。（来源：奋进石化）

案例二

快！救火！

“真是太感谢你们了！要不是你们及时伸出援助之手，我们将会损失惨重。”10 月 26 日在大牛地气田华北消防首站中队院内，榆林丰融光伏电站的负责人员握着应急抢险中心副经理杏涛的手激动地说。在他们身前，是一面写着“灭火神勇，保民平安，为民消防，恩重如山”的金灿灿锦旗。（来源：奋进石化）

13. 故事切入法

导语往往是整篇新闻的切入点，同样的事件或人物，用不同的切入点去表达，得到的结果也迥然不同。古希腊哲学家柏拉图曾说：“谁会讲故事，谁就控制世界，谁就拥有整个世界。”所以选取一则故事作为整篇新闻的切入点，选取事件中蕴含戏剧性或者幽默感的情节，让人物自己“说话”，用真情实感打动读者，是导语写作的一种常用手法。

案例一

千万别再用自来水代替玻璃水！尤其是冬天！

“我的‘玻璃水’好像冻住了，刚刚清理了两下就啥也看不见了，这家伙给我吓的，麻烦帮我看看咋回事儿啊！”11月15日一大早，车主张女士来到中国石化辽宁鞍山石油蔡庄加能站，焦急地说道。在站里员工的帮助下终于发现“真凶”，原来都是“玻璃水”惹的祸。（来源：中国石化朝阳e站）

案例二

“大爷，外面风大雨急，来我们站里暖和暖和吧”

11月3日，一场突如其来的大雨，将环卫工人间师傅困在了路边。中国石化辽宁铁岭石油雷锋加能站经理刘宇发现后，立即冒着风雨跑上前，在间师傅迷茫之际把雨伞递到他面前，口中招呼道：“大爷，快快快，赶紧到我们站里暖和暖和，喝点儿热水，可别感冒了！”热心的举动让间师傅倍感暖心，他激动地说道：“爱心驿站就是为我们遮风挡雨的家，遇到什么困难都帮我们解决了，真的太感谢了！”（来源：奋进石化）

14. 一张一弛法

“一张一弛，文武之道。”在文学写作中，“张”是指用快速灵活的笔法来描述紧张激烈的情节或场面；“弛”则是指用平缓柔和的笔法将事件娓娓道来。所谓“一张一弛”，就是将两种笔法交替运用，使得内容错综复杂。在新闻导语中，先写平常的现象，然后急转直下，将矛头直指问题本身，让读者惊喜万分。

案例一

“打棍出箱”火了！“奶奶辈儿”的爱好正在走进年轻人的心

长发及肩、面容姣好的清秀姑娘，下一秒变身俊美高贵、挺拔秀丽的小生，风度翩翩，惊艳四座。传统戏曲新玩法，不断创新探索戏曲文化，只为让“奶奶辈儿”的爱好，走进年轻人的心。（来源：共青团中央）

案例二

迟迟不还中国文物，日本民间组织看不下去了

近年来，世界文物主要流入国纷纷掀起了归还文物的风潮，而独有日本沉默。（来源：《新京报》）

15. 小中见大法

《淮南子·说山训》有言：“以小明大，见一叶落而知岁之将暮，睹瓶中之冰而知天下之寒。”说的便是通过小事看出大德，或通过局部看出整体。物小却蕴大，见微则知著。简言之，“以小见大”就是通过小题材反映大道理。从小事件、小细节、小动作、小人物着手，从平凡中寻找不平凡。如此一来，导语便能给读者带来更广阔的思考空间。

案例

如果她还在，应该写下很多本日记了……

有的人走出大山，就没有再回来；有的人回到大山，却再也没有离开。2019年6月17日，黄文秀30岁的生命永远定格在扶贫路上。在黄文秀的日记里，她用心描绘了所在村庄的每一条路、每一户人家，行驶过的扶贫之路，更像是心中的长征，她的足迹深深印在这条路上，她也牺牲在这条路上。黄文秀的扶贫日记悉数记载了她的倾情投入、默默耕耘。如果她还在这个世界，她的扶贫日记应该写了很多本了……（来源：人民网）

16. 先声夺人法

“未见其人，先闻其声。”这声音或燕语莺声，或声如洪钟，但这“一嗓子”必能撩起人们的兴趣，就如《红楼梦》中以一声笑，一句“我来迟了，不曾迎接远客”，作为王熙凤的开场白，便塑造了她泼辣豪爽的人物形象。若将这种手法运用到新闻导语中，短短几句话便能做到听声识人，让读者眼前一亮，在丰富报道对象的同时，牢牢抓住读者的眼球，激发读者的猎奇心理，促使他们读下去。

案例一

“这个河南小伙儿，长得怪洋气嘞！”

“zhóng！”“zhuà了呀？”“喝汤了móu？”一口比“河南人的河南话”还正宗的口音，让来自德国的“90后”小伙儿“无名”火出了圈。目前在河南中医药大学读研的他，不光针灸、推拿、拔罐不在话下，中国功夫、书法也样样精通。（来源：《人民日报》）

案例二

73年了，我们永远不会忘记！

“雄赳赳，气昂昂，跨过鸭绿江，保和平，卫祖国，就是保家乡……”73年前，有这么一群人，他们唱着豪迈嘹亮的军歌，义无反顾地离开心中热爱的故土，踏上了保家卫国的征程。（来源：《人民日报》）

17. 自问自答法

提出问题，做出解答，是新闻报道的一大功能，这种导语形式，便是提出读者普遍关心的、感兴趣的、有疑惑的问题，借此引发读者的思考，激发他们的探求心。在新闻的开头，用疑问句鲜明地提出关键问题，然后在报道正文中用事实解答，这无疑能使整篇新闻意境融彻，富有深度。

案例一

深入地下8000多米，采出会变色的石油！

这瓶石油为什么是荧光绿色？它来自哪里？又是怎样形成的？（来源：中国石化）

案例二

寒冬到，着“秋衣秋裤”否?

气温骤降，中国石化广大的站库设施设备也很怕冷。但你知道它们都是怎样御寒的吗？是不是跟我们一样也有一套贴身的“秋衣秋裤”呢？走，一起去寻找答案吧！（来源：奋进石化）

案例三

“塔克拉玛干”记忆|石化优秀故事百篇

朋友，你到过塔克拉玛干吗？你知道“塔克拉玛干”是什么意思吗？“塔克拉玛干”是维吾尔语，意思是“进去出不来的地方”，指的是新疆南部塔里木盆地中央的一片大沙漠。这片大沙漠东西宽1000多公里，南北长400多公里，是仅次于非洲撒哈拉的世界第二大沙漠。它还有一个并不美妙的绰号，叫“死亡之海”。（来源：奋进石化）

18. 有意重复法

重复，最基本的作用就是强调某种情感或某个思想，增强视觉效果，使读者印象深刻。虽然新闻导语最忌重复—— 一句话颠来倒去重复多次，不仅使得新闻冗杂无趣，也让读者摸不着头脑。但在一些特殊情况下，有意重复一些关键语句，能起到加强节奏、强调感情、突出思想的效果。

案例一

“解放军来了！”外国永远都不明白在中国这句话的意义

“我们听从祖国的召唤！”“我们听从祖国的召唤！”“我们听从祖国的召唤！”时光荏苒，硝烟不再，和平年代，富强中国。他们依旧昂然站立在我们身后，给我们最踏实的安全感。他们就是中国人民解放军。（来源：《人民日报》）

案例二

“非常感谢！中国石化为我们所有救援车辆加满油！”

油来啦！油来啦！8月3日，中国石化河北石油配备移动油罐车送油到救援一线，为涿州市参与救援工作的设备免费提供汽油和二冲程机油等救援物资。（来源：中国石化朝阳e站）

案例三

中国石化姑娘实现亚运会撑竿跳高三连冠！

喜报！喜报！喜报！中国石化中原油田姑娘李玲夺得杭州亚运会撑竿跳高金牌！（来源：奋进石化）

19. 化整为零法

化整为零意味着化繁就简，也就是将复杂的问题简单化。在导语写作时，很多时候短短一句话无法将复杂的新闻事件概括清楚，那么如何将复杂的表述简单化呢？有一种做法就是把完整的句子拆开，用几个简单的词语或者词组，甚至是几个段落来进行导语描述。分词分段的描述，能使新闻更加简单明了，让读者轻松把握住新闻的关键要素。

案例一

石化版“抓娃娃”上线!

入夏以来，天气炎热，大家难免心浮气躁，不如体验一把抓娃娃的乐趣！当娃娃抓上来时，那种突如其来的惊喜，会驱散您的小疲惫。现在，石化版“抓娃娃”店正式开始营业，石化人纷纷参与，快来看看他们都抓住了什么吧！

抓住水质检测细节、抓住安全底线、抓住新能源建设重点……总之，抓住心中的梦想，去实现！（来源：奋进石化）

案例二

连续13年送考，张桂梅的故事，这次又让人泪目了……

她13年送考，13年告别，也叮嘱了13年……（来源：新华社）

20. 引用热词法

在当今这个网络发达的时代，幽默风趣的网络热词层出不穷，使用热词与大家交流，更能引发共鸣，渲染欢乐的气氛。新闻报道更需紧跟时代潮流，争做时代“弄潮儿”。引用热词法，简单来说就是“蹭热点”，将近期生活中公众关注度高、讨论度广的热点话题、流量词汇融入导语中，以赢得读者的关注和讨论，为新闻增光添彩。

案例一

瞧！石化人简单背后的“不简单”

近日，某短视频博主“佛山电翰”爆红网络，各类甩手、硬核版挑战层出不穷。在爆火的背后是他们数年如一日的坚持。同样，在中国石化，也有这么一群人，他们从一件件小事做起，不断磨炼技艺、精益求精，不断创造岗位佳绩。（来源：奋进石化）

案例二

“特种兵式旅游”背后不可忽视的亚文化力量

2023 年，随着自由出行的到来，“特种兵式旅游”也刷爆了网络。

“特种兵式旅游”是指年轻人用最少的金钱和最短的时间，去最多的景点。它是 2023 年兴起的一种年轻人的旅游方式。“朝辞白帝彩云间，千里江陵一日还”，是对“特种兵式旅游”最贴切的形容。各大景区为了吸引“特种兵”游客，做足了功课，但是，很多品牌却忽略了这背后所代表的亚文化力量。（来源：中国公关网）

四、采写编发“重实践”

新媒体的采写手法是指在互联网和数字媒体时代，借助新技术和媒体形式，采用与传统媒体不同的写作方式和表达手法，以更好地适应读者的需求和阅读习惯。

（一）新媒体写作特点

1. 标题言简意赅，信息一目了然

新媒体写作强调信息简洁明了，尽量用简短的语言精确表达，避免冗长的句子和文字。读者在浏览新媒体内容时，通常喜欢快速获取信息和快速阅读。因此，要尽量突出主题和重点，以提高读者的阅读效率。

2. 巧妙结合图文，生动展现内容亮点

新媒体常常强调图文并茂的表达方式，可以使用高清图片、音频、视频等多媒体内容来辅助文字描述和解释，提升文章的可读性和趣味性。图片和视频不仅可以吸引读者的注意力，还可以更好地传递信息和概念，使整个文章更加生动有趣。

3. 巧用标题与摘要，引发读者浓厚兴趣

在新媒体平台上，标题和摘要是吸引读者点击和阅读的关键。要使用有吸引力的标题，用简洁、明确的语言概括文章的核心内容或特点。摘要可以进一步解释和引发读者的好奇心，以提高文章的点击率和阅读量。

4. 融入互动元素，激发读者积极参与体验

新媒体写作要善于利用互动性和参与性的元素，增加读者的参与感和忠诚度，可通过调查问卷、投票、评论、抽奖等方式与读者互动，还可以利用反馈和互动的机会，促进文章和话题的传播。

5. 人性化情感表达，引发读者情感共鸣

新媒体写作注重人性化和情感化的表达方式，可以加入自

己的观点和情感，与读者建立情感联结，也可以分享自己的经历和故事，增强读者的信任感和归属感。同时，也要尊重读者的观点和情感，保持平等和尊重的态度。

（二）新媒体写作结构分类

1. 故事体结构

故事体结构在推文中广泛应用，一篇引人入胜的故事往往深植读者心中，拉近文章与用户之间的距离。故事体文章的写作模板又称“四一”故事体写作模板，即一个故事场景、一个主题、一个破题点、一个总结。故事体文章有 8 个注意事项，如图 4.41 所示。

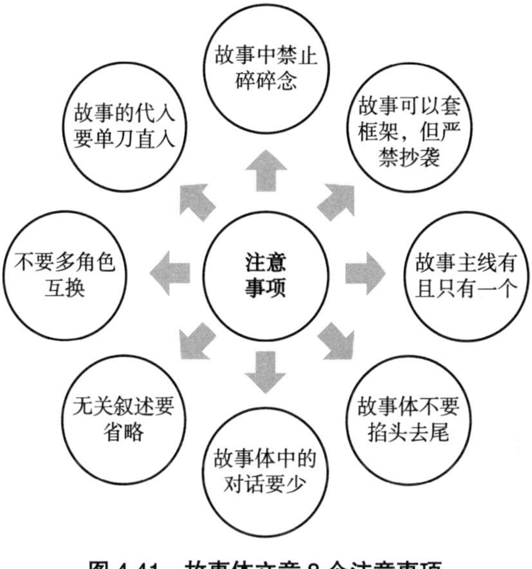

图 4.41　故事体文章 8 个注意事项

案例一

20万元特殊党费，凝聚他一生爱党情怀

今天，小编想带大家一起看一本日记。

这是一位名叫刘友道的老党员在2021年12月21日生日当天写下的日记。“过了今天就九十七岁了，我要好好保养身体，争取活到百岁以上。我工作已经八十年了，入党七十多年，共产党给了我今天的一切。我要把我的积蓄拿来交党费，以报答共产党对我的培育和关心。我本是一个农村的孩子，没有共产党就没有我今天的幸福生活。”笔迹不稳、纸张揉皱，而字里行间却流露出一生对党忠贞不渝的情怀。

2023年11月21日，一场特殊党费交纳仪式在刘友道同志的遗体告别会上举行，这位98岁的老党员生前留下遗愿：最后交纳一次20万元特殊党费。

一生简朴

有着77年党龄的刘友道同志是西南石油局一名离休干部。他17岁参加革命，21岁入党，一生追随党的召唤。新中国成立后，他积极响应祖国建设需要，来到西南边陲为我国找油找气，投身西南油气开发事业。

“父亲快100岁了，但每天都要练毛笔字、做算数题、写日记，还时不时唱下京剧，爱好很多。”老人的长子刘小勇说。

刘友道老人的家陈设简朴，一沓写满毛笔字的宣纸仍摊放在桌案上，最上面的一张页脚写着日期“2023年10月25日”，这是老人生前留下的最后笔迹。

潜心勘探

客厅墙面上一张极富年代感的全家福吸引了大家的注意。“父亲年轻时参加石油会战，只身一人到四川山区搞勘探，条件非常艰苦，也顾不上家。我们小时候很少见到他……当年他们那一辈老石油人都是这么过来的，很不容易。”小女儿刘佳告诉记者。

刘友道老人的三子刘刚也是一名奉献在石油战线的“油二代”，年近七旬的他谈起父亲，眼中满是眷恋不舍。“父亲一直教育我们处世平和，为人宽广，他总说不要给组织添任何麻烦。父亲在日记中写到要把自己的积蓄交给党，用来报答党的培育和关心，这是他的遗愿。我们作为子女一定要达成父亲的心愿！”

“这最后一笔 20 万元特殊党费，背后是刘老一生的爱党情怀，向老人致敬。”西南石油局云南分公司员工在参加仪式后，发自肺腑地说。

一笔特殊党费，一生爱党情怀，向刘老致敬！

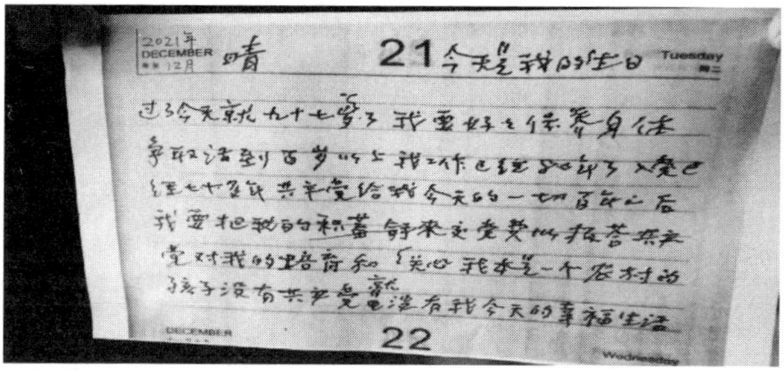

图 4.42　刘友道在 2021 年 12 月 21 日生日当天写下的日记

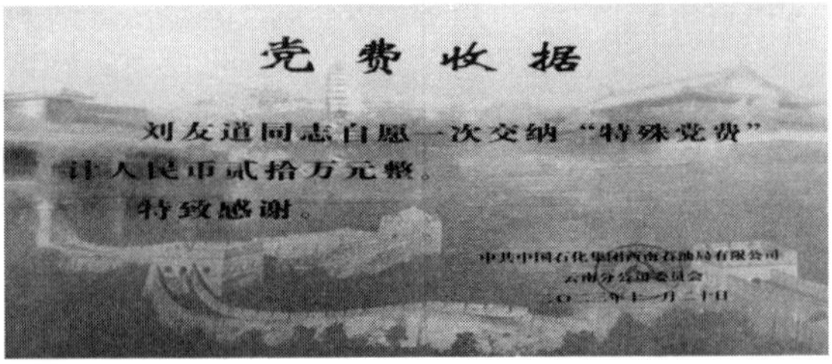

图 4.43　刘友道同志的最后一笔党费

图 4.44　2023 年 11 月 21 日在刘友道同志的遗体告别会上举行特殊党费交纳仪式

案例二

成功了！全球首个！

日前，我国首套 4000 吨 / 年 CHP（过氧化氢异丙苯）法制环氧丁烷装置，在中国石化燕山石化一次开车成功，产出合格的高纯度环氧丁烷产品，这也是全球首套采用 CHP 法制备环氧丁烷的装置，采用的是中国石化自主研发的技术，进一步拓展了中国石化在精细化工领域的技术版图，投产后将大幅提升环氧丁烷的国产化替代率，为我国环氧丁烷下游产业降低成本、提升质量、拓宽应用场景提供有力支撑。环氧丁烷是什么？

图 4.45　中国石化燕山石化环氧丁烷装置一次开车成功

环氧丁烷是重要的化工原料，主要用于生产中间体和聚合物，目前多应用于润滑油添加剂、低泡型洗涤剂、合成橡胶等领域。

业内相关分析指出，2020 年，全球环氧丁烷市场收入达到 6200 万美元以上，预计 2025 年，全球环氧丁烷市场收入将达到 8000 万美元。目前，全球环氧丁烷产能集中度较高，我国环氧丁烷市场需求主要依赖进口。

CHP 法制环氧丁烷工业技术由中国石化上海石油化工研究院自主研发，上海工程公司设计，与其他技术路线相比，具有工艺路线简洁高效、产品质量优、绿色环保等优点。下一步，研发团队将继续开展装置操作的优化调整，进一步做好产品应用研究，拓宽产品下游应用领域。（来源：中国石化公众号）

2. 悬念式结构

悬念式结构可以激发读者的想象和兴趣，这种“卖关子”式结构会让读者产生急切的期盼心理，容易达到写作目的。在悬念式文章开始部分，通常会设置一个有吸引力的悬念，然后将其嵌入情节发展中，引发读者的猜想和关注，随着文章的深入，用户读到后半段时，文章才会慢慢“揭晓谜底”，让读者“恍然大悟”。悬念式结构在正文中制造悬念，有 3 种方法非常有效和实用，如图 4.46 所示。

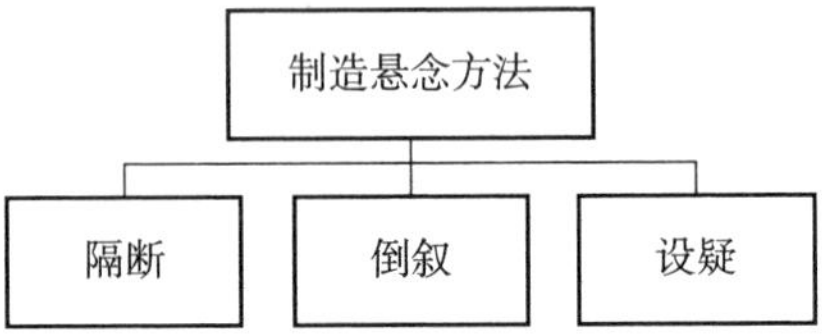

图 4.46　悬念式结构的 3 种方法

一是隔断。这是一种叙述头绪较多时的悬念制造方法。当一端头绪解说到关键时突然中断而改叙另一头，这时读者会表现出对前一端头绪迫切的阅读心理，悬念由此而生。

二是倒叙。先摆出读者最感兴趣和最关注的内容，然后提出悬念，接着慢慢阐述原因。

三是设疑。在文章开头先提出疑问，然后在文中一步步地进行解答。

案例

这是啥鸟？感觉好凶猛！

“这只大鸟好像受伤了，一直在扑腾！”9 月 21 日上午，中国石化浙江温州舥艚加能站员工饶大鹏和李孝春发现站内设备库房旁蹲着一只大鸟，扑腾着不让人靠近，样子十分凶猛。

通过观察，员工们发现鸟儿翅膀带血，判断其受伤可能比较严重，于是拿来箱子、水和食物，并退到2米外安抚鸟儿。鸟儿慢慢安静了下来，但缩在墙角并不愿意出来。

“别着急，我们先放置一些水在它前面，一定要救它出来！”饶大鹏叮嘱大家。

渐渐地，鸟儿发现大家并没有伤害它的举动，起身一点点地喝水，慢慢走出角落，蹲在地上一动不动。这时，大家才看清楚它的样子，全身灰白色，长长的尖嘴，身上有白色斑点。“这看起来不是普通的鸟儿！”有人赶紧拨打了林业局电话，对鸟儿的情况进行汇报。员工们又小心翼翼地抱起它，放置到箱子内，并轻轻地用棉签给它受伤的翅膀消毒。

30分钟后，温州野生动植物保护协会的工作人员赶到现场，经过仔细检查和辨认，确认它是国家二级保护动物——夜鹭。“它的翅膀受伤了，又长时间未进食，力竭了才飞不起来。”工作人员向大家解释。

“幸好你们及时发现并成功救助，这份荣誉请你们一定收下！”工作人员给加能站员工送上保护野生动物荣誉证书，并为善良又细心的员工们点赞！

野生动物是自然生态系统的重要组成部分，是大自然赋予人类的宝贵财富。多年来，中国石化一直用实际行动坚持守护绿色生态自然之美。保护野生动物，保护生态环境，为守护美好大自然承担起责任！（来源：中国石化公众号）

图 4.47 温州野生动植物保护协会人员给加能站员工送上保护野生动物荣誉证书

3. 盘点体结构

盘点体结构的特点是简单、高效、便捷。盘点体文章最常用的结构是资源盘点并列式，即总结 + 几个核心观点。盘点体文章有 5 个优势。

一是中心明确。阅读完成率高和读者认可度高是并列的，盘点类型的文章，论点先行，会把论点放在最显眼的位置，而读者通过对论点的简单了解，就能够总结出这篇文章的中心思想。

二是内容速成。在找到对应论点且不跑题的情况下，创作盘点体文章所耗时间极短。

三是易于借鉴。这里所说的借鉴不是复制抄袭，而是借鉴同一个话题，你有你的观点，我有我的看法，而我只是借鉴了你的灵感或话题。

四是备受好评。盘点体文章的论点，一般采用加粗、加黑的字体重点突出，使得读者不需要耗费过多的精力逐字逐句阅读文章，只需看一下论点，就能猜测出这篇文章的具体内容。

五是门槛较低。如创作 20 首必听的歌曲、10 部必看的电影这类文章，只需找到对应的素材，把素材填进去，再发表自己的观点即可。这种盘点体文章相当于把一个大文章拆分成几个小文章，写作难度也随之降低。

图 4.48 “奋进石化”平台《10 月 I 奋进石化精选作品》

4. 递进式结构

递进式结构是最常用的议论文写作模板之一，递进式结构的正文往往具有思维缜密、逻辑严谨的特点，这种结构将正文的内容一步步铺排，给读者带来一气呵成的畅快感。但缺点也很明显——对主题的推出不够迅速，若开头不能吸引读者，那后面的内容也就失去了存在的意义。层层递进的正文布局，着重点在于其层递关系的呈现，这种结构要注意内容之间的前后逻辑关系，绝不可随意颠倒顺序，如图 4.49 所示。

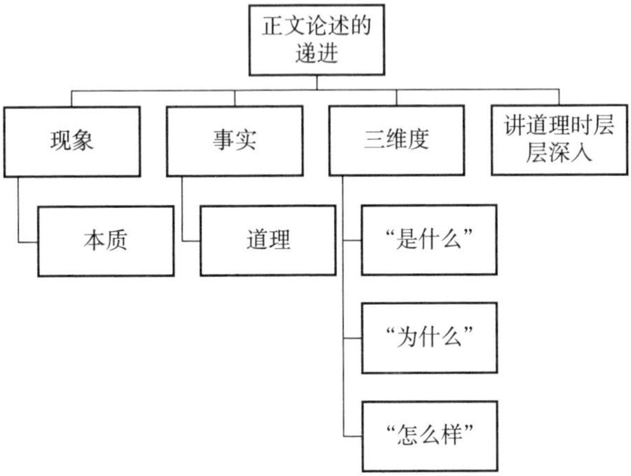

图 4.49　递进式结构正文布局

案例

这篇深度报道，用问题意识做好主题引导

2023 年 9 月 4 日，《人民法院报》头版头条推出一篇介绍内蒙古法院创新工作机制的深度报道《多元解纷“上新” 诉源治理“升级”》，作为该报“深入贯彻习近平法治思想系列工

作主题报道”的开篇之作。文章通过层层递进的讲述，不回避问题的分析，带领读者客观全面地了解内蒙古法院积极探索与人民政协建立诉前调解机制，推动诉源治理这一创新举措的优越性、独特价值及其走向未来的生命力。

这是一篇有思想、有深度、有温度的报道，体现了时代性、专业性和创新性。该报道一经推出，立即引发热烈反响。人民网、央广网、法治网、光明网、人民政协网、中国记协网、中国行业新闻网等500余家平台、账号转发，实现了“破圈”传播。

见人见事，在“矛盾”中凸显报道张力

人民群众是新闻报道的主体。好的新闻既要见人，也要见事，才能凸显报道张力。深度报道讲好“故事”，同样要以人为报道主体，关注人的生存状态和命运。只有这样，深度报道才能更具吸引力、感染力，引发受众情感共鸣，实现与受众的“深度交流”。

文似看山不喜平。文章有张有弛、有动有静、跌宕起伏、波澜曲折才能激发读者的阅读兴趣。《多元解纷“上新” 诉源治理“升级”》一文开头便以内蒙古包头市一位物业经理于秋阳的故事引入，在交代了“在过去的一年三个月里，内蒙古全区大多数法院会同当地政协启动了多元解纷工作，508名政协特邀调解员参与化解矛盾纠纷近2000件”的新闻背景后，作者话锋陡然一转，提出了一连串的问题：“与既有解纷机制相比，‘政协＋法院’的优越性是什么？独特价值在哪里？其走向未来的生命力又在何处？”这一连串的问题是作者带领读者了解新工作机制的开始。

将事情发展置于错综复杂的矛盾冲突之中，在叙述中注重发挥“矛盾”的力量，也是本文的一大特色。文章第一个小标题“不亮眼的数据和没想到的效果”先声夺人，设置悬念，使读者不禁发出疑问：“既然数据不亮眼，那用5000多字的篇幅去介绍这一工作机制的意义又在哪里？”而后，作者如《桃花源记》中的武陵渔人一般，带领读者逐步深入了解这一工作机制的产生过程，清晰的逻辑线，让这篇篇幅不短的文章有着引人入胜的根脉。

文章第一部分用一个人物故事展开：2022年5月，包头市政协同市中级人民法院建立了“政协+法院”多元解纷机制，作为试点，土默特右旗政协也同该旗法院建立了对接机制。2022年7月，包头市土默特右旗政协委员李瑞利用熟悉医疗行业的优势，成功调解了某卫生院拖欠某医药公司款项的纠纷。作者用这个故事引出了找到解决矛盾的合适方式是实现国家治理体系和治理能力现代化的内在要求的主题。

在接下来的行文中，作者引出了一场供需双方的双向奔赴：包头市中级人民法院在思考诉调对接的“调”能不能深度延伸，文中形容法院“在等待一个契机”；而包头市政协在思考如何承担政治使命、发挥政治功能，以高水平履职服务高质量发展，文中形容包头市政协“在等待一个回答”。而后，“相向而行的动力为改革积累了势不可当的能量”。法院和政协职能配合提升基层治理水平的实践开启。

问题导向，用过程意识拓展主题深度

“问题意识”是深度报道的灵魂，“过程意识”是全面呈现事实真相的重要手段。发现问题、阐释本质、记录过程、反映变化才能更好地传播新闻事实，引导社会舆论。

在引出创新工作机制的开启后，文章出其不意地抛出一个问题：每年进入全市法院的诉前纠纷有上万件，政协委员调解的案件只有几百件，这样的尝试是不是杯水车薪？此后的文章用来自调解案件当事人的感受来证明这一创新工作机制有坚持发展的必要性，也自然引出了下文。

发现问题、提出问题是容易的，而要引导读者正确看待问题则是困难的。巧妙地引出新事物意义何在，是创新工作机制报道的重点，也是难点。在《多元解纷“上新” 诉源治理“升级”》的第二部分中，作者扎实运用“过程意识”，讲述了创新工作机制产生的背景、过程以及得以推广的原因。讲述政协特邀调解员许益民将诉前调解中存在的问题写成提案，呼和浩特市新城区人民法院收到提案后从三个方面进行整改的故事，并以这个故事介绍“政协＋法院”多元解纷机制为何能从一市的做法变成全自治区政协、法院联动推广的机制。此后，文章引出了这一工作机制得以推广的原因是将非诉讼纠纷解决机制挺在前面，这是我国国情所决定的，“把人民法院定纷止争的司法职能嵌入到党委政府大治理格局中，‘政协＋法院’就是一个新的突破口”。在这一部分延续了文章直面问题的风格，列举了政协委员参与法院活动，发现问题并解决问题的许多例子，于是很自然地引出结论：“‘政协＋法院’多元解纷机制，不仅是化解矛盾的专业利器，更是人民法院主动接受民主监督的桥梁纽带，散发着独特的魅力，彰显着独特的价值。”

在文章最后一部分中，令人印象深刻的是关于“政协+法院”多元解纷机制的两个问题，“既有解纷机制在实践过程中遇到的问题，新机制如何避免？”“人民法院如何发挥引领、推动、保障作用，促进解纷主体各就其位、各得其所、各取所长、各尽其能？”文章采访了来自法院和政协的受访人，请他们给出建议。这些问题的答案对于其他地域想学习这一新工作机制的有关人士来说，提供了参考，令文章主题得到深化。

立足“三有”，以思想之力回应时代之问

思想的张力，就是深度报道的生命力、冲击力。

文章通过生动事例讲述了“政协+法院”多元解纷机制更有利于实现政治效果、社会效果和法律效果的统一，但并没有止步于此，而是立足于党的十九届四中全会首次将民主协商纳入社会治理体系这一时代大背景下，着眼于实现国家治理体系和治理能力现代化的内在要求，将这一机制放在党领导人民有效治理国家的大局中审视和思考，探讨民主协商和法治保障这两种力量同频共振所产生的治理效果：使党领导下的社会治理制度优势真正转化为社会治理效能，为推动治理体系和治理能力现代化提供了又一实践路径。整篇文章有思想、有深度、有品质。

人民法院报

天津：法检联动共促行政争议实质性化解

党的十九届四中全会首次将民主协商纳入社会治理体系。在党领导人民有效治理国家的大局中，当民主协商、法治保障这两种力量相向而行、同频共振，会产生怎样的治理效果？又会迸发出怎样的社会活力？内蒙古法院积极探索与人民政协建立诉前调解机制——

多元解纷“上新” 诉源治理“升级”

学思想 强党性 重实践 建新功

安徽：更新理念 提升能力 转变作风

深入贯彻习近平法治思想

——抓实抓好诉源治理——

北京：依法打击侵犯公民个人信息犯罪

开学第一课 法治护成长

能动司法变“无解”为“有解”

图4.50 《人民法院报》深度报道《多元解纷“上新” 诉源治理“升级”》

《多元解纷“上新” 诉源治理“升级”》是一篇耐看的文章。结构紧凑，行文流畅，清晰的逻辑线让每个结论的得出既自然又令人信服。文章每部分分工明确但又起承相宜，风格统一，比如每个部分都以一位政协委员参与法院建设的故事为开头，每部分结尾又成为下一部分的引子，使读者在阅读中感受到清晰好读、连贯性强的良好阅读体验。同时，在记者看来，这篇文章的最难能可贵之处在于其贯穿始终的问题意识与过程意识，这体现了媒体人客观全面看待新闻事件的态度，对于引导读者正确看待新事物，也能起到很好的示范引领作用。

5. 总分总结构

总分总结构是文章写作的一种常用结构方式。如果文章正文采用“总—分—总”的布局形式，那么就要在文章的开头部分点明主题，然后在主体部分将中心论点分成几个分论点进行横向的讨论，最后在文章的结尾部分进行归纳、总结以及必要的引申。在采用“总—分—总”的布局形式写作时，要掌握一定的方法，如图 4.51 所示。

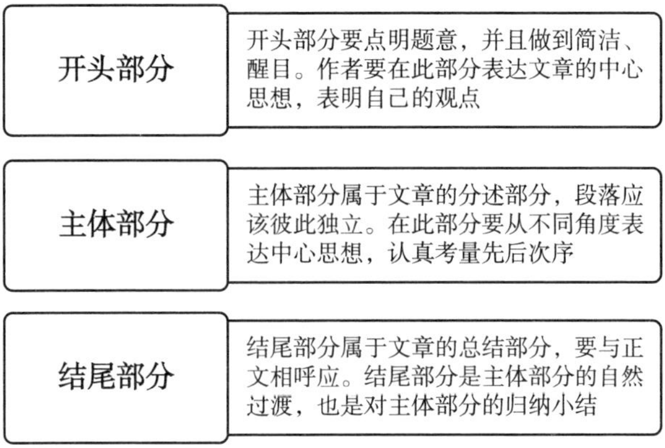

图 4.51　总—分—总结构示意图

案例

1111

11 月 11 日，一年一度的“双十一”如约而至。有人忙着

“脱单”，有人忙着“埋单”……而中国石化的工作者们，忙着创造新纪录，书写能源保障的恢宏篇章。现在就带您看看，小石头眼里的“11”。

一

乙烯产量是衡量一个国家石油化工发展水平的标志。2022年中国石化乙烯产量达1344万吨，现已拥有11个百万吨级大乙烯项目，助力下游产业和地方经济高质量发展。

二

北方冬季来临，中国石化新星公司开启冬季供暖，地热供暖能力超9500万平方米，比去年同期增加15%，可为北京、天津、陕西、山西等11个省市、62个市县的百万余户居民提供清洁供暖服务，年可减排二氧化碳约470万吨。

三

中国石化连续11年打造“情暖驿站·满爱回家”活动，持续为春节返乡、留守过年及坚守岗位人员，免费提供“1+10+X+1”服务，用爱铺就春节返乡人员温暖回家路。

四

截至目前，西南油气分公司元坝气田37口生产井中，累产超14亿立方米的气井达11口，向“川气东送”沿线六省两市70多个城市，稳定供应天然气超300亿立方米。

五

镇海炼化率先在全系统举办公众开放活动，11年来，累计邀请2万多名公众代表走进厂区“探秘智慧能源”，全球慢直播线上观看白鹭超过1亿人次，让公众近距离感知中国石化绿色高质量发展。

六

截至11月1日，华北石油工程SP306钻井队进入马尼法海岛施工以来，克服超高温、湿度大、易漏失等施工挑战，安全、高效施工11口井，完成进尺64111米，创造8次马尼法油田施工纪录，且获得阿美甲方奖牌表彰。

七

青岛炼化获评全国石油和化工行业原油加工生产企业“能效领跑者标杆企业”11连冠。目前，青岛炼化原油综合配套加工能力已达1200万吨/年，年产汽、煤、柴成品油800多万吨，液化气、聚丙烯等各类石化产品200多万吨，成为原油加工生产企业能效领跑者。

八

南京工程公司深耕海外市场18年，与11位国际合作伙伴携手共进，努力推动中国石化炼化工程业务走向海外、走向高端，为当地经济和社会发展做出积极贡献。

九

2023年，浙江石油组织开展“首届服务之星101挑战赛”，经视频筛选赛、地区晋级赛、总决赛，11名服务之星脱颖而出，并成立首支省级服务明星示范队。

中国石化牢记嘱托心怀“国之大者”，坚决扛好保障国家能源安全核心职责，全力提升能源供给保障能力，持续加大油气勘探开发力度，积极布局发展新能源，以实干实绩奏响新时代“我为祖国献石油”澎湃乐章，为美好生活加油！

（来源：中国石化公众号）

6. 正反对比结构

新媒体文章不能一味地从正面说明问题，还应从反面说明。正反对比式是指通过正反两种情况的对比分析来论证文章观点的结构方式。

使用正反对比式布局需要注意两个方面问题。首先，正反论证在呈现时应该有主次之分。如果文章主要从正面立论，那么主体内容应以正面论述为主，辅以反面论述；反之亦然。其次，需要围绕中心论点选择比较材料，明确对比点。所选取的对象必须是两者性质截然相反或存在明显差异的事物，而在论证时要紧密围绕文章的核心主题。

常见的正反对比结构主要有以下三种，如图 4.52 所示。

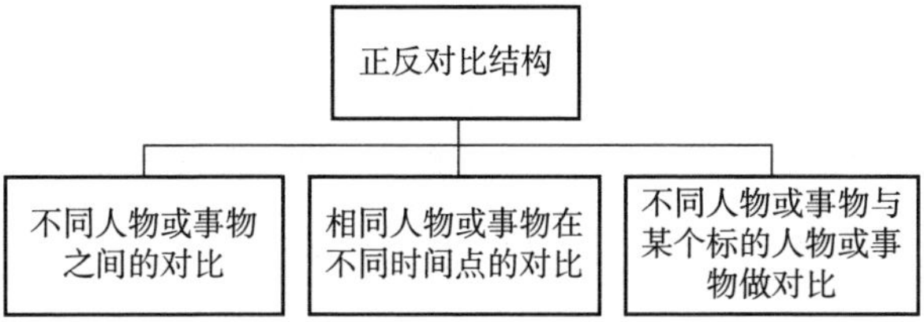

图 4.52　正反对比结构示意图

7. 干货体结构

干货体结构写作有四要素：一是知识丰富，在创作中注重知识的丰富度，获得读者的青睐；二是内容权威，内容创作者首先要对自己创作的内容有信心，展现专业性与可信度；三是认知冲突，有利于图文内容的变现，通过引发读者思考和探讨，提高内容吸引力；四是构建信任，在吸引读者的同时，努力获得读者的尊重，建立良好的信任关系。

干货体结构写作有三个注意事项，如图 4.53 所示。首先，明确核心观点。确保写作中有清晰的中心思想，以引导读者更好地理解内容。其次，结构清晰有序。保持文章结构的有序性，使读者能够迅速理解信息的组织结构。最后，言简意赅。在表达观点时，力求简练明了，以提高读者对内容的理解度。

高质量不等于高文采	高认知冲突不等于反价值观念	高知识增量不等于非故事体极端现象
· 大多数干货体文章初衷是让读者读得懂，能学到更多知识，而不是用大量生涩难懂的词句堆砌	· 干货体结构写作一定要具备较高的认知冲突，但不能创作明显不符合社会价值观的文章	· 不能为了追求高知识增量而把故事体结构全部砍掉，要阐述相关的背景信息

图 4.53 干货体结构写作三个注意事项

案例

中国石化公众号《#当时我就石化了#段子联播》

今天是周日，早上 7 点，欢迎收看第 41 期#当时我就石化了#段子联播。

图 4.54 微信推文插图

大家都知道，加油站不能抽烟。

8 月 5 日，在贵州铜仁某加油站外，一位村民在距离加油站防护栏约 3 米处烧荒。站长发现后立刻上前制止了这种危险行为，并讲明了其中的安全道理，村民这才深刻意识到自己行为的不当。站内员工拿来了消防铲，两人一起迅速将烧荒现场的火焰扑灭。

小石头再次提醒朋友们，要提高安全意识呀！

见过吃霸王餐的，你见过加“霸王油”的吗？

8 月 6 日凌晨 1 点，在桂林某加油站，一辆车不仅加油不给钱，还拿了赠品。虽然逃单油门踩得狠，但是加油站摄像头特别高清，司机很快就被警察“蜀黍”找到了。更令人惊讶的是，据司机交代，他还涂改了车牌……

因忘记加油而导致的“里程焦虑”，你遇到过吗？但是，真把自己撂在了半路上，那还真是挺糟心的。

8 月 11 日，一辆私家车因燃油用尽，抛锚在新疆哈密 235 省道上。该道路周边为荒漠，人烟稀少，也联系不上道路救援。于是，车主通过手机地图，向 40 公里外的哈密南湖加油站求助。站长得知后，立即做好登记、打好油，驱车约 30 分钟到达抛锚地点为车主加上油，这才为车主解了困。

小石头温馨提示：出门一定要注意油表啊！加油加油加油！

七夕，加油员小张打开中国石化海淘平台（中石化易捷国际）发现在打折。她买了好多化妆品，但是不太会用，记不住化妆步骤。

站长在一旁说：“先补水，后防水，再做隔离，最后上粉！搞定！”

小张一脸崇拜地看着站长：“你好厉害哦，一个男人都懂得怎么保养……”

站长默默地说：“最近加油站改造，我发现装修师傅粉刷墙面跟抹脸是一个道理。”

同事小李刚拿到驾照，赶忙买车。这天下班，非说要送我回去。

这家伙，那车开得真是一言难尽。平平的大马路，崭新的小轿车，被他开得像喝多了的醉汉，一冲一冲的。他还得意忘形地问我驾驶技术怎么样。

我只能恭维：“车开得太有水平了，居然坐在车里有一种骑马的感觉。半小时的路程，开出了一小时的旅途！”

上午，小王在上班的路上等红绿灯，前面就一辆车，后面贴着“实习”，从前车后视镜看到是一位女司机正在玩手机。

小王看红灯还有30多秒，就拿抹布擦了下方向盘的灰尘，不小心按到了喇叭，谁知前面那女司机踩油门就走。

看着红灯还有10来秒，小王下意识地按喇叭提示她停车，还把头伸出窗外喊：“红灯！红灯！”没想到她开得更快了……

这……大家可要注意了，开车不要玩手机，注意安全驾驶！

我为了买情人节礼物，把生活费都给搭进去了。没办法，只能打电话向老爸求救。

两天后钱还没到，我就打电话问问。

老爸淡定地说：“钱已经打过去了，一万！”

放下电话，我激动不已，果然是亲爹。立马跑去取款机一查，余额只有200元。

遂打电话过去问：“不对啊，卡上怎么只有200元？”

老爸说：“200元已经不少了，省着点儿花，没事就挂了啊。九筒！”

……

一杯水，再烫也不敢轻易放手
因为松手的那一刻
我们失去的不只是水，还有那杯子
一把油枪，再累也不会轻易放手
因为提起的那一刻
我们肩负的不仅是一份工作
还有责任
生活处处有压力
白天有，干劲十足
晚上有，睡眠不足
忙时有，动力十足
闲时有，轻松不足
把压力放在合适的地方就是动力
加油！
别总抱怨自己不够幸运
也许是你欠了生活一份努力
每一个你讨厌的现在
都有不够努力的曾经
未来美不美
取决于你现在拼不拼

加油吧，少年！

图 4.55 微信推文插图

（三）爆款文章六大特点

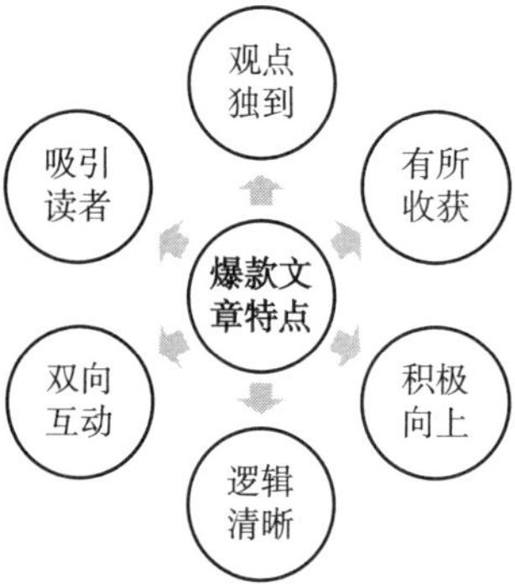

图 4.56 爆款文章六大特点

（1）吸引读者

一定要让人愿意看下去。有的文章存在大量病句或错别字；有的文章冗长啰唆，用“流水账”描述；有的文章罗列各种专业术语又不给出解释。读者喜欢的文章应是通俗易懂、言简意赅的。

（2）观点独到

一定要有自己的核心观点。有的作者洋洋洒洒几千字，自己都不知道要表达什么，写出的文章肯定不受欢迎。写作的内容一定要有核心观点，作者要知道自己想表达什么。

（3）有所收获

一定要是对别人有帮助的。文章不一定要提供新观点、新知识，最容易做到“新”的是新故事，把老观点装进独特的新故事中，让读者受到启发，可以有所收获。

（4）积极向上

一定要有正向价值观，一定要在传递正能量。欲立文章，先得立“人”，作者自身要有正向的价值观，写的文章要符合社会主流价值观，传递真、善、美。

（5）逻辑清晰

一定要逻辑清晰。对于作者来说写文章前应尽量列出序号条目。序号条目能让作者自己和读者厘清思路，避免出现逻辑混乱的情况。

（6）双向互动

实现与读者的双向沟通。文字是可以传递“声音”的，作者在写作时要真诚，把读者当朋友，而不是高高在上、居高临下，总想着如何教育读者。

（四）写作的三种行为规范

（1）写作要“三问”

在写一篇文章之前，一定要问自己 3 个问题——这篇文章写给谁看？他们会不会看？读者究竟能学到什么？如果文章不能带来价值，那文章本身就没有创作的意义。

（2）小道消息绝不写

不被官媒、公司等定论的消息，不要仅凭道听途说、捕风捉影，就进行内容创作。

（3）保持原创不抄袭

保持原创是基本的底线，抄袭内容，不仅会毁掉账号，还会成为无法抹去的黑历史。

五、新媒体小编"养成术"

宣传思想工作是一项专业性很强的工作。作为新媒体小编，若没有高素质、娴熟的写作技巧和真功夫，是难以创作出引人注目的活动报道的。

在这方面，"脚板子"必须硬。只有自觉践行群众路线，深入基层感受员工的劳动生活，才能撰写出真挚有温度、弥漫着热气的文章。"眼珠子"则需要保持敏锐。只有善于发现问题、明辨是非、捕捉亮点、抓住根本，进行事务的谋划和理性分析，才能实现全面、细致的思考。"笔杆子"则需要灵活生动。只有善于运用员工群众喜闻乐见的语言，讲述家常事、倾诉真情，才能做到通俗易懂，给人以启示。这样，文章不仅语言优美，而且表达清晰，层次分明。

要根据新媒体平台的特点建立"高、精、专"的人才队伍。新媒体最吸引人的就是形式多样、引人入胜的表现形式，文字、特效、图片、配乐、视频、漫画等方式，都可以成为新媒体编辑元素，这也是吸引眼球、满足员工多元化需求的重要因素。新媒体平台的内容特性，对运营和管理人员的业务素质及网感提出了更高要求。

应当注重业务能力的培训。通过优化人员资源配置，把那些有热情、有创意、有想法、有特长的员工整合起来，协同作战，使新媒体平台在方式方法上、总体成效上能够得到有效保障。同时，通过送出去培养、内部开设培训课程等方式，让核心业务人员熟悉新媒体采编运作的流程、信息发布及推送的方式技巧，了解微信、微博的编写制作等内容。

案例一

“央媒小编”的日常什么样?

大家好，我是中新社融媒体中心的臧赫，目前在中新网微信组轮岗。

“中国新闻网”微信公众号（以下简称“网微信”）的媒体影响力和原创能力在排行榜上节节攀升，每周能有 50 篇以上“10 万 +”的稿件。能在这样的平台锻炼，不得不说是“实践出真知”的好机会！

今年“十一”假期的最后两天，我已经回归值班了，并且开启了连续上班 9 天的模式。假日期间我经常回复网友的一句话就是：“宇宙不爆炸，小编不放假。”

经过高强度的专业训练，我已经逐渐成长为一个可以独立值班的“央媒小编”。“央媒小编”的工作日常什么样？我来给大家介绍下。

新媒体编辑不只是排版

今年记者节，网微信的一篇策划《不放假通知》获得了“30万+”的阅读量，在朋友圈刷屏出圈。记者节策划是我们每年的传统，这些稿件里就道出了新媒体编辑的日常。

在去年的策划文末留言中，同事的一句话道出了新媒体编辑工作的复杂性：“大家看到的，只是团队的工作成果，但之前我们日常有大量的前期工作。稿件选题、标题制作、封面甄选、版权内的重新配图、稿目搭配、差错排查……”

通过工作我才了解到，微信编辑其实是每天在各大平台浏览新闻最多的一群人，永远试图在海量的新闻中找到合适的稿件和选题，创造出更多优质的“10万+”。

我们看到有新闻价值的选题也会推荐给记者，所以其实新媒体编辑也可以从前端就开始参与报道工作。新闻工作者需有“豹子”一样的反应速度、“鹰眼”一样的锐度，去不断拓宽社会触角的广度，提高笔下稿件的质量。

独立值班一个月有余，我从手忙脚乱到可以独立胜任，过程中也越发认识到这一岗位的重要和不简单。

新媒体编辑要有大局观

新闻报道需要有很高的政治敏锐性。尤其对于时政新闻类微信公众号来说，这点尤为重要。

此外，新媒体编辑必须具有大局意识。央媒新媒体编辑要有自身的价值判断，不能唯流量是从。要注意避免一些不当的表述或可能引发公众反感的报道角度，降低央媒的公信力。

新媒体小编不是一个人在战斗

首先，新媒体小编要链接千万网友。

微信公众号平台，是垂直链接读者用户的重要平台之一，在运维中要摒弃单向宣传思维，植入双向互动思维。

在新媒体时代，稿件在平台发布只是完成了一半的工作，接下来编辑还要迅速跟进用户评论和阅读数据，及时放出精彩评论，在评论区与网友互动，共同完成后半部分的内容创作与生产，这有时会产生意想不到的传播效果。

我时常感觉，作为“央媒小编”，可以直接和成千上万网友对话。有时候通过“评论”这种特殊的对话形式，看到大家对新闻事件或报道本身的反馈，会直击我的心灵，也再次加深了编辑的职业道德感与使命感。

其次，在新媒体时代，单打独斗是难以完成好报道的。经历了亚运会后方值班，我更加深刻地感受到新闻工作是一项团队工作。

前方记者的现场照片和视频及时传回，后方编辑记者一起在赛事过程中编辑好基础背景信息，在比赛结束后加上比赛结果，第一时间按下“发表”键，一篇由前后方共同合作的稿件才算完成。

看到网友评论说：“小编手速太快了！”我们会心一笑，“央媒小编”，其实是一个团队。

提升公众号影响力的五点经验

最后，和大家分享一点工作的经验。

新媒体编辑必须对数据敏感，某种程度上，阅读量就是影响力。

如何提高阅读量？标题占了50%。“酒香也怕巷子深”，不同的选词会产生微妙的差异，有时会起到“四两拨千斤”的效果。

（1）标题可以适当留有悬念，让用户产生点击阅读全文的兴趣。

（2）标题要符合口语习惯，自然、亲和，不能拗口、不知所云。

（3）选题和内容是基础。覆盖面是否广泛？够有“痛点”吗？信息有用吗？有服务性吗？覆盖面越广，阅读量越高。

（4）话题要紧跟时事热点。在重大节日做好策划，完成主流媒体的职责，让正能量产生大流量。

（5）找准定位，逐渐培养用户阅读习惯。其中，编辑选稿也是一门技术活。影响力比较靠前的几家媒体，都有比较明确的风格和“人设”。保持稳定的发稿风格，可以彰显央媒立场，增强用户黏性。（来源：中新社融媒体中心编辑 臧赫）

英国首相到了！

据央视新闻客户端援引路透社报道，当地时间19日，英国首相里希·苏纳克抵达以色列城市特拉维夫，开始对以色列进行访问。按照计划，苏纳克将与以色列总理内塔尼亚胡就巴以冲突问题进行沟通。

图 4.57 中新网资料图

案例二

心中有光 脚下有路 当好媒体融合时代的“特种兵”

我是军人出身。2013 年底，我从部队退伍回到江汉油田。2015 年 9 月，23 岁的我调到新闻中心记者部工作，墙上“一切行动听指挥，召之即来，来之能战”的标语，让我仿佛回到了军营。

图 4.58 江汉油田播音员刘璐

有人说，如果你的工作刚好是你的兴趣所在，是一件特别幸运的事，我就特别幸运。28 岁成为一名播音员，31 岁成为一名采、编、播多元化主持人。

8 年来，我先后获得行业及省部级奖项 10 项，个人获评央企电视优秀主持人、油田青年岗位能手等四项殊荣。

善于学习、虚心请教，逐步从记者向电视主播转型

2015 年，我进入新闻中心，4 年电视新闻记者的工作经历，是我打开新闻大门的一把钥匙，跑车间，进一线，下基

层，磨炼文字、摄像，写出的故事慢慢开始“接地气”，拍摄的视频也陆续在江汉新闻和石化新闻平台播出。2020 年，因工作需要，我由记者岗转为播音员岗位。在外人看来，播音员是光鲜亮丽的职业，可事实并非如此。

起初，自己播音水平与专业的播音员有很大差距，我特别着急。因练声心切，又不得要领，很快把嗓子练哑了，嘴里全起了泡。一度想放弃，但转念一想我是一名军人，不能面对困难就退缩，要拿出冲锋陷阵的劲头。

多付出一点“苦”，就能收获更多“甜”。油田电视新闻就是“油田的新闻联播”，来不得半点闪失，必须高度负责、严细认真。为尽快成为一名合格的播音员，我利用业余时间自学中国传媒大学播音与主持艺术专业本科教材，虚心向身边的播音前辈请教学习，坚持每天收看中央、省市的新闻节目，琢磨体会播音要领，每天早上 5 点起床，练习发音技巧，进行口腔和语气节奏训练。

为了把每期的新闻播好、播准，我提前熟悉、背诵稿件，多次录播、不厌其烦、反复试听，确保每一个音、每一个词、每一句话都精准到位。无论任何时候，我都要求自己保持最好的精神状态面对观众，绝不能因个人的情绪影响播报效果。

去年参加专业播音主持进修学习，取得了国家普通话水平测试二级甲等资质和互联网营销师网络直播员证书。经过 3 年电视主播的历练，我的语言表达水平、文化素养、气质形象得到质的飞跃，在为观众播报新闻的同时，我也享受着新闻带来的快乐。

勇于创新、破浪前行，完成主播向 V 视记者的蜕变

2021 年新闻中心改革调整，全员竞聘，电视记者也由原来的 20 人减少到 3 人，中心加大了对记者跨界作品的考核力度，倒逼每个人大步向前，向融媒体进军。

新媒体部曹静浪主任找到我，说你干过记者、做过播音，有好的基础，应该向 V 视发展。

面对新的任务，我的心里犯起了嘀咕，担心做不好，毕竟传统电视的表现手法与短视频有很大的差异。但是转念一想，领导把这个重任交给我，是对我的信任。当前，短平快的视频传播最为火爆，是主流媒体融合破圈的最好方式，谁先尝试谁将赢得主动。

经过反复的思想斗争，我克服心理障碍，重新扛起摄像机，大胆挑战自我，走出方寸之间的演播室，到基层、到一线，用心去感受、去观察、去记录，去学习策划、学习采访、学习拍摄、学习配乐、学习剪辑，最终完成一个电视主播向 V 视记者的蜕变。

我独自拍摄制作的《光伏绿电》《美丽校园等你来》《疫情下的生活》等系列短视频，在江汉 V 视、石化 V 视、石化视频号、石化新闻等媒体平台进行播发。

新的领域让我更加从容自信，开始不断向新节目形态突破。2021 年初，油田召开职代会、工作会、全委会，我主动与新媒体部的同志一起策划，提出以小视频为主，采取记者“跑会场”“学报告”“进基层”的形式，从会前、会中、会后对会议精神进行全方位的宣传解读。

为了达到最好的展示效果，对小视频的配乐，我们会听几百首乐曲，争论着选择；为了一个镜头，我们会反复拍，直到满意为止；为了一段文字，我们会琢磨再琢磨，力求精准表达；为了一段解说词，我会几十遍地配音，让大家评判。

最后，《璐璐跑会场》《主播带你学报告》等视频栏目相继开播，实现了从传统会议报道到实况直击，开创了新媒体跟踪报道会议模式，受到广大干部员工的喜爱和好评，也让我感受到短视频强大的爆发力。

敢于担当、不辱使命，当好一名优秀活动主持人

除了做好电视幕后主播，我还担任油田大型活动主持人。舞台主持人与电视主播的最大区别是需要较强的临场应变能力。所谓台上一分钟，台下十年功。面对现场台下几百和线上直播上千、上万名观众，主持人的谈吐、仪表、表现在活动中至关重要，特别是在一些外部交流传播活动中代表着企业的形象。

起初由于主持经验不足，我没少吃苦头，卡壳、念错词、冷场是常有的，但随着自身的努力揣摩与多次锻炼，我逐步轻车熟路，游刃有余。

2022 年 9 月，我应邀参加中国石化第五届易享节启动仪式，与石化老师共同主持这场晚会，并在石化视频号进行全系统直播。这是走出油城后的一次跨界主持，代表的是中国石化的形象。

接到任务时，离晚会不到三天。当时由于疫情原因，我是与石化老师进行异地主持。为了把这次晚会主持好，我精心准备、反复练习，白加黑地在现场熟悉流程、练习走位、背熟台本，仔细了解下游销售企业文化，让自己始终保持最好的状态，最终圆满完成了主持任务。晚会结束后，石化老师表示，主持落落大方，体现了中国石化的水平，展示了江汉油田的好形象。

2023 年 6 月，油田“逐梦千万吨——企业文化故事会”决赛，时长 2 小时，实时线上直播。离决赛还有两天，台词和节目还在不断修改完善。面对线上线下近万人高规格的演出，我的压力前所未有，精神高度紧张，连续两天一直在台上彩排，高跟儿鞋把脚磨出了水泡，腿也站得快抽筋了，但我始终面带微笑走场串词，一遍、两遍、十遍……最终高标准完成了主持任务。

决赛在奋进石化、江汉油田视频号 2 个平台现场同步直播，5 万余人次观看，4 万余条点赞留言。结束时，看到这么多观众鼓掌、观看、点赞，我激动得流下眼泪，觉得再多的付出都值得。

图 4.59　江汉油田“逐梦千万吨——企业文化故事会”决赛现场

心中有光，才能向上生长；脚下有路，才能走得踏实。8年的新闻工作经历，三次身份转变，我学会了用眼去观察、用心去思考、用镜头去记录。感谢这一路帮助指导我的领导、前辈和老师们，是他们让我看到了石油人眼里的星辰大海，而我要做的，就是当好油田新闻战线的“特种兵”，把江汉故事讲述给更多的人。（来源：江汉油田 刘璐）

案例三

“80后”文字记者转攻视频，荣获中国新闻奖一等奖

作为“80后”新闻从业者，我经历了纸媒的鼎盛和衰落，见证了新媒体转型的百花齐放，从一名文字记者转型成了一名视频记者，而今仍在成为优秀的全媒体记者道路上奋勇前行。

身处媒体融合大潮之中，我认识到，全媒体时代留给记者奔赴现场的时间越来越紧迫。“越澎湃，越冷静”，挑战越是艰巨，全媒体记者越应该冷静应对，不断奔赴现场，记录每一个重要的瞬间，为受众带来更扎实、更生动的报道。

到现场去，让报道更真实鲜活

“到现场去，让报道更真实鲜活。”这是我一直以来对自己的要求。

荣获第29届中国新闻奖融合创新一等奖的报道《海拔四千米之上》，便是我与同事们创作于2018年9月的三江源国家公园大型采访。这次也是我第三次去青藏高原采访。

在海拔4767米的昆仑山口，云雾像瀑布一样绵延数公里

翻过山脊倾泻而下，不远处冰雪覆盖的玉珠峰映着朝阳，“金顶”若隐若现。从索南达杰保护站向可可西里腹地行进，卓乃湖溃决后形成的新生湖像一颗碧绿的宝石镶嵌在高原天地之间。美景令人震撼，但报道的任务容不得我们过多留恋。

一定程度上来说，这是澎湃新闻传统文字记者参与共创大型全媒体报道的一次尝试。澎湃新闻投入了30多人的团队，其中半数记者是纸媒时期的文字记者，他们也开始拿起摄像机站在了镜头前，历时三个多月，形成了集文字、视频、直播、360全景互动H5于一体的全媒体报道《海拔四千米之上》。

在这次大型融媒采访之前，记者在各自领域磨炼着全媒体技术。2016年初，我开始学习视频拍摄、剪辑。此后近三年时间，每一次出差采访我都会带上无人机、摄像机等拍摄设备。在采访过程中，我会带着剪辑思维，整理好初步拍摄脚本，全程采访以视频为主，先剪好视频再写文字稿。视频和文字呈现方式不同，带给观众和读者的感受也不同，视频更注重镜头语言表达所带来的现场视觉冲击，文字一定程度上更容易实现跨越时间和空间的纵深表达。

三江源国家公园是中国首个国家公园体制试点，之前我们是没有国家公园的。国家公园是什么？该怎么建设？要建成什么样？这些都是全民关心的问题，也是世界关心的问题。采访前，我们所未知的也是民众所关注的。正是带着这样的思考，让《海拔四千米之上》这个看似鸿篇巨制的报道，处处体现出它的细致和精美、真实和质朴。报道的每一个文字、每一帧画面都是来自三江源实地采访的一个个现场。

为了近距离记录下藏羚羊穿越青藏公路的画面，我操作着无人机，与五道梁保护站的队员们一起蹲守在五道梁保护站附近的青藏公路与青藏铁路。这里是藏羚羊迁徙的必经之处，每年8月底到9月初，数万只藏羚羊完成繁育从可可西里卓乃湖腹地开始回迁。

“来了来了，这次估计有2000多只。”保护站的队员通过监控发现一群藏羚羊正往青藏公路奔来。队员们快速将两端的过往车辆和人员拦停，为藏羚羊腾出了一条迁徙通道。领头的藏羚羊第一次走到青藏公路中间，可能因人群的说话声惊扰，又退了回去。汽车熄火，大家努力屏住呼吸，但头羊第二次尝试穿越依然失败。队员们再次给身后的人群强调“不要出声”。约半个小时后，头羊再一次朝着青藏公路走来，“过去了，过去了。”队员们压低了声音说道。一段鲜活的现场视频有了！

这是我第一次这么近距离看到藏羚羊穿越青藏公路，也为如今人类能与它们和谐共处而欣慰。我当时操作的无人机盘旋在50米的空中，尽量通过高度来拉低无人机的声响，以免惊扰这些怯生生的“精灵”。结合20世纪80年代之前数以万计的藏羚羊惨遭盗猎分子非法猎杀、索南达杰等保护者付出生命的新闻背景，报道更加立体。

短视频平台的兴起，让“人人都有麦克风”变成“人人都有摄像机”。以前讲“无图无真相”，现在是“无视频无真相”。峰顶云瀑、碧绿湖泊、藏羚羊迁徙，在采访现场，我对我国国家公园建设之于世界的意义有了更深的感触。同事笑称“播出10分钟、爬山4小时”，这些在第一线风沙中磨砺出来的新闻素材，为制作极致的产品打下了坚实的基础。对于观众和读者的疑问，我们用动静相宜、富有冲击力的视频与文字一一解答。团队“饱受折磨”的创作过程，最终带来了全网点击量破亿的大流量。

记者永远不能失去奔赴现场的勇气与热情。在信息爆炸的时代，一个新闻事件发生后，一些媒体坐在电脑前、电话前就能远程做“新闻调查”，为了抢首发、博流量对一些网红、博主无底线自导自演的虚构视频不加严格核实就发布，难免沦为虚假信息的传播者。如“秦朗丢作业”事件、“某网红直播遭绑架”事件，最后都被证实是自导自演的闹剧。

全媒体时代，留给记者奔赴现场的时间越来越紧迫。此处引用澎湃新闻2017年三周年庆时的Slogan：“越澎湃，越冷静。”信息大爆炸，更应该冷静应对，始终保持对新闻真实性和公正性的坚守，不断奔赴现场，记录每一个重要的瞬间，为读者带来真实、生动的报道。

积极拥抱传播形式与渠道的多元化

从文字记者到视频记者，我能做的不仅是掌握和尝试新的技术和手段，比如现在火热的AI运用，更要在追求文字报道深度与广度的同时，从思维到行动积极拥抱传播形式与传播渠道的多元化，锤炼用户思维。

新闻作品呈现形式的多元化，不仅是为了适应传播介质从报纸到手机移动端的变化，也为后期适应不同平台多渠道整合传播作了铺垫。2018年，我们就提出了“漫游VR，极致体验”。比如，《海拔四千米之上》H5产品就使用了视频（普通拍摄+航拍+延时拍摄）、360全景图片、定点VR视频、漫游VR视频、互动热点交叉嵌合等方式，移动端封面采用了随机打开可变技术，实现了多种技术和表现形式的大融合，让受众可以享有不同的选择和极致体验。

又如，在采访三江源后，2022年至2023年，两路记者连续两年先后前往祁连山冰川、四川达古冰川、新疆河源一号冰川、海拔6530米的珠峰绒布冰川，对国内冰川保护状况进行了关注和报道。过去五六年，我国冰川已经消失了8310条，保护冰川势在必行、迫在眉睫。当然，报道高原冰川保护，有一部分原因源自我个人跟随专家攀登玉珠峰冰川后产生的极大兴趣。在玉珠峰雪山下，我跟随冰川研究专家蒲健辰教授攀上了海拔5200多米、有70万年历史的冰川。要想顺利将文字、图片、视频深度融合，需要付出更多的激情与耐心。

首先，采访工作需要更加细致、周密。在经历了2022年史上最炎热的夏天之后，2023年初，我就提前安排同事与冰川专家对接，经过3个多月的准备，于2023年4月15日至6月10日跟随中国科学院西北生态环境资源研究院冰冻圈科学国家重点实验室的科考队，登上海拔6530米的珠峰绒布冰川，记录极限环境下的艰难科考与气候变化对冰川的显著影响。从珠峰大本营到海拔6530米的珠峰绒布冰川钻取冰芯区域扎营，采访团队挺过了暴风雪，克服了高海拔酷寒环境下的高原反应，最终形成了10篇深度文字报道、2部纪录片、27条Vlog、1组精美海报以及H5互动融媒体报道。

特别是在H5互动式融媒体报道中，我们通过动画实时跟随记者和科考队在珠峰的行进路线，循序渐进地呈现了整个珠峰冰川的科考过程，向全球展示了中国在保护冰川方面做出的不断努力，以及给全球保护冰川、研究气候变化所带来的意义和价值。

其次，要敢于放弃“常规”，不断提升互动的力量。创新容不得丝毫停滞。和 2018 年《海拔四千米之上》报道相比，我们在视频和 H5 的表现形式上做了调整。

视频方面，我们采取“短 + 长”的方式，滚动发布短视频 Vlog，渐进式地每天呈现前方记者攀登珠峰的动态进展。深度文字报道是必需的，微纪录片是标配，再加上做图集、海报，还需要打造一些适合当前传播的新产品。Vlog 适合在短视频平台上传播，每天做一个视频日记实时发布更新，以保持我们此行的关注度和热度。在 H5 的制作中，通过和设计老师不断沟通，放弃了原有的将所有文字、视频以及现场 360 全景视频全部统在一个 H5 里的做法。

这种做法虽然在几年前颇受欢迎，且能够通过一个 H5 呈现整个系列报道的方方面面，但这种呈现形式往往会叠加二级页面，观看或阅读起来相对烦琐，如果受限于网络环境，打开或阅读、观看起来也容易卡顿。

最后我们选用了更为简洁的呈现方式，对 10 篇深度稿件进行精简重组，把原有的微纪录片再进行拆解简化，按照整个科考流程，让文字和视频、动画嵌入一个 H5 里，并采用单页面滑动式呈现，让读者有互动式的观看体验。

再次，坚持打造文字报道的深度与广度。首篇报道《珠峰冰川密码：来自海拔 6530 米的气候警钟》，全面呈现此次冰川科考的历程、面临的挑战，并通过科考队的研究探寻珠峰冰川消融与气候变化之间的关系，通过钻取透底冰芯来解码数千年来的气候变化状况以及冰川消融加剧给全人类带来的影响。

另一篇深度报道《天山1号冰川，正离我们远去》中，报道了研究人员的发现——如果没有得到有效保护，天山1号冰川这一世界上距离大城市最近的冰川或许会在50年后消失。这些报道以扎实的采访、第一手的现场观察、无可置疑的数据，敲响了气候变化的警钟。

新闻内外，我们仍需有所为

在一些灾难事件报道中，媒体除了传递、发布及时准确的信息，将报道与公益结合，为身处灾难中的群众办一些力所能及的实事，也是现场报道的一种延展。

长期以来，无论是我自己还是澎湃新闻同事，在诸如地震、洪灾等现场采访中，时常能接触到一些受灾群众出现物资短缺或其他的求助需求。于是我们开始探索将现场报道进行延展，一方面快速联动技术部门开通求助平台，收集灾区群众的实时需求，对接相关部门帮忙协调解决；另一方面，主动联系慈善机构，联合发起为灾区募捐活动，利用媒体自身影响力扩大传播度，让更多人看得到、能参与。

比如，2023年12月18日深夜，甘肃临夏州积石山县发生6.2级地震，造成积石山县与相邻的青海省海东市三个县重大财产损失和人员受灾。在上海市民政局的指导和支持下，澎湃新闻联合上海市慈善基金会共同发起“驰援甘肃等地区抗震救灾”专项行动，接受社会捐款捐物。

这样的尝试，早在2021年7月中下旬河南省遭遇极端强降雨时就曾启动过。当年，澎湃新闻派出5路记者前往河南郑州市区、新密市、巩义市、中牟县、安阳市展开防汛救灾采访，累计发回稿件百余篇。

报道中，澎湃新闻记者注意到，一方面，因为洪水来得突然，不少群众紧急转移，导致一时间生活物资缺乏、食宿面临困难；另一方面，在转移过程中不少群众与亲属失散，甚至有亲属被洪水冲走失联，求助、寻亲信息不断。澎湃新闻为此专门安排技术团队介入，快速开通了寻找失联者和河南洪灾求助两个求助登记通道，滚动更新洪灾中失联人员的寻找进展，实时连线帮助灾区群众解决食宿、物资等各方面的求助需求。

此外，为帮助解决灾情中群众遇到的生活物资困难以及助力灾后重建，我和同事第一时间协调联系公益机构、筹款平台等，于2021年7月21日、22日分别与上海市慈善基金会、爱德基金会，在联劝网、腾讯公益等平台联合发起上线“防汛救灾驰援河南专项行动”“驰援河南灾后重建专项行动”两个互联网公募筹款项目，共为灾区募集到善款1063万余元。

两个专项募捐行动的海报和稿件发布后，受到社会各界的广泛关注。其中，“驰援河南灾后重建专项行动”仅用2天就完成了608.6万元筹款目标，12万余人次参与捐款，是近年来筹款速度最快的互联网公募项目之一。特别是在7月23日晚高峰时段，募款金额以每分钟超过1万元的速度增加。“防汛救灾驰援河南专项行动”仅通过线上募捐就收到爱心人士捐款454.9万余元。

项目执行主要分紧急救援和灾后重建两个阶段。紧急救援阶段以支援抢险救援装备、食物与饮用水、一般生活用品、消杀用品四大类为主；灾后重建阶段，项目为受灾较重的5个村庄重修给水排水设施、升级供水管网、合理规划流域水循环、实现水资源综合利用。

从开通寻找失联者和河南洪灾求助两个求助通道，到联合公益机构为灾区发起募捐，这是新媒体超越新闻报道践行为群众办实事的一次新的尝试和示范。我们不仅是灾难报道中的记录者，还成为参与者，参与到救灾、救助的实际工作中去，帮助灾难中的群众解决一些现实困难。

这既是新闻报道，更是直接公益行动。澎湃新闻以主流互联网媒体身份联合公益机构发起募捐，大大增强了公益募款行动的公信力、权威性和透明度，可以更快速地为灾区募集到资金和物资。在整个过程中，澎湃新闻还采取了多种宣发传播策略，通过制作海报、刊发募捐指引稿件，扩大募捐项目的传播圈和影响力，呼吁更多人一起将滴水爱心汇聚成泉涌，帮助灾区群众共渡难关。这个项目也有幸入选了中国新媒体公益2021十大优秀案例。（来源：传媒茶话会　作者系陈兴王，现任澎湃新闻调查新闻部总监）

图 4.60　澎湃新闻记者在现场

案例四

“90后”拿了5个中国新闻奖，一等奖就有3个！

很多人说“90后”是乘着媒体融合改革的春风进入新闻行业的，自带新媒体基因。但如果不抓住时代风口创新求进，当滚滚洪流消退，终将被时代抛弃。

跨界壁垒

2016年正是媒体融合如火如荼的时候，带着对行业的未知和忐忑，我进入了新闻行业，入职华龙网融媒体新闻中心，成为一名媒体新人。对我而言，当时面临的人生最重要的事，就是要在见习期结束时扎根稳定下来。

为了能得到更多机会，凭借广播电视专业的优势，我申请从见习文字记者转岗，成为中心唯一一个视频后期人员。而从工作内容结构和激励机制来看，单位鼓励全媒体人才的发展培养，多劳多得，跨岗尝试，这成为我后来逐步跨界配音、主持、摄像、编导、策划等多个新闻工种的原动力。

时代带动着行业的发展，个人跟着媒体跨界、破壁、融合。七年的时间，华龙网融媒体新闻中心新媒体队伍从一个人到几十人，产品形态从几种到十几种，中国新闻奖从一年一个到一年多个……我们常说，这里除了有一定的运气，还有更多的坚持。

融合浪潮猛烈，铺天盖地的新形式、新技术蜂拥而来，融合改革就是在大胆探索试错，身处浪潮之中很难不随波逐流，我们也经历过“技术形式为主、内容为辅”的时期，为交互而交互、为设计而设计，但最终都以失败告终，“内容为王”的理念再次在浪头中坚挺。

新闻内容可视化过程中，文字叙事向镜头叙事的转变，是两套逻辑的转变。这要求我们用视频思维去做文案，用视听语言传递主流思想、新闻信息、情绪价值。每个人都在这个过程中探索和积累，并达成共识：做新闻就是要讲好故事。这么多年过来，在做过的所有类型的片子里，最难做的还是人物故事。

好报道从讲好一个故事开始

2017 年，脱贫攻坚主题微纪录片《绝壁凿“天路”》是我真正意义上的第一个人物故事短片，也是我第一次听说重庆巫山县下庄、了解毛相林修天路的故事。

当时对于下庄的报道已经有很多，作为脱贫攻坚主题全媒体报道的拳头产品，该怎样让受众记住这个故事？如何寻找视频的感动点？叙事的逻辑顺序怎样铺排？这需要去充分认识下庄，首先去寻找感动自己的那些瞬间。

在制作开始之前，我花了几天时间去消化近 200G 的素材，包括数百张老照片、大量历史视频资料。

从 2002 年到 2017 年，素材的时间跨度长达 15 年。在这些资料中，下庄祖祖辈辈传唱的童谣、孩子渴望地看向大山外的照片、“大人修路流血牺牲为我们，我们读书努力为下庄明天”的动人话语……让我找到了那一个个感动我的细节。这些细节让我串联起整个故事，足以让这个片子持续输出情绪。

视频播出后，全国各大媒体、各商业视频平台进行了转载和刊播。纪录片所属的专题《绝壁上的“天路”》获第 28 届中国新闻奖网络专题一等奖，和当年人民日报客户端推出的《快看呐！这是我的军装照》共同荣获“2017中国十大融合创新报道”奖。

念念不忘，必有回响。在之后的六年时间里，从下庄整村脱贫，到毛相林被评为“时代楷模”“脱贫攻坚楷模”，我们不曾缺席下庄任何一个重要的时刻。

2022年，党的二十大召开期间，我们又深入乡村振兴路上的下庄村，推出微视频《“天路”背后的中国答案》，用外国嘉宾的视角将下庄故事、下庄精神传播到世界，作品获2022“讲好中国故事”创意传播大赛全国特等奖。

从不了解下庄，到最后成为同事口中的“下庄专业户”，离不开四个字：深入一线。

只有深入一线，怀着一颗真诚的心去读懂一个人，去了解一个故事，才能找到感动人心的细节。

在很多场合，每每讲到下庄的故事，我都会告诉大家，听千万遍不如亲眼去看一看，哪怕只是一次，它带给你的震撼都能永远让你记住它。

长期从事视频报道工作让我深深感到，视频制作不单是制作视频，视频后期也不是没有灵魂的剪辑，我们应该从技术型参与转到内容编导工作中来。

在作品的策划前期，参与项目的每一位成员都要贡献出自己的“脑洞”。

最开始我也只是一名单纯的制作人员，但从经手过的无数条片子里发现，视频需要从叙事的角度去思考细节的呈现和表达。

很多故事在制作过程中始终差一个贯穿全片的主线，我在采访之中就会特别留意这些细节，而这也是作为全媒体人必须具备的素养。

《微纪录丨五个人的乐队“一个人”的演出——记一场跨越时空的团圆》的背后是一个感人至深的故事：

热爱中国文化的澳大利亚小伙菲利普去世后，家人尊重其生前愿望，捐出他的一枚肝脏、两枚肾脏、一对角膜，让五名中国人“重生”。

五名受捐者得知菲利普生前最大的愿望是开一场音乐会后，素不相识、毫无音乐基础的他们组建乐队站上舞台，实现了菲利普的愿望，并与菲利普父母连线，实现了父母和去世儿子的跨时空“团圆”。

在前期脚本构思阶段，我们曾一度陷入僵局：一个跨越国界传递大爱的动人故事，如何摆脱流水账时间线的叙事？我们进行了大量的采访，打了一个又一个越洋电话。

在采访的过程中，偶然发现主人公菲利普的父亲皮特在菲利普去世后给儿子写过一封信。

这个细节便成了作品的转机，我们以这封书信作为主线，用皮特原声全英文深情独白，将中国和澳大利亚两个时空的故事串联起来，父母对儿子的极度思念、菲利普的崇高大爱、五位受捐者的感恩回报，真情呈现，催人泪下。

微纪录片推出以来，被中国日报网、澳洲新快报等国内外媒体转发，全网浏览量突破200万。不仅如此，这个关于生命与大爱的故事，让更多的人共同关注到器官捐献并参与其中。

中国人体捐献管理中心的数据显示，在2022年的10月8

日—10日，音乐会举行后的三天内，仅重庆地区人体器官捐献志愿者登记便有明显增加，比平日多出近50%。从音乐会举行至微纪录片上线后三天，先后共有近千人完成登记，真正实现了一次大爱翻越山海、生命跨越时空的国际传播，具有非常重要的社会效应与现实意义。

不放过细节，不随意切入，坚持不一样，只有先感动自己才有可能感动别人。感动人的细节，可能是一段沉默、一个表情、一句话、一张照片、一段音乐……无论是哪一个，作品中点燃情绪爆点的那一个就是对的。

视频叙事是一门需要一直学习的功课。讲好故事，从改变叙事方式开始，故事化叙事、跨文化共情。寻找人、故事与时代的连接点，将个人放在宏大背景之中，才能发掘出人物故事背后的时代意义。

创新应该是一种习惯

每一次策划，我都先问自己：这个主题怎么样？创意能让人眼前一亮吗？是否可以让我们讨论时拥有兴奋点并滔滔不绝？

无论是脱贫攻坚、乡村振兴还是建党百年、新中国成立70周年，在这些宏大的主题之下，我都在试图从叙事角度、形式表达、地方特色结合上创新，让自己和别人不一样。对于任何一个重点选题的内容创新、形式创新、技术创新，已经成为内容团队多年养成的默契和习惯，也成为绝大多数时候“焦虑”的源头。

在深究创新形态的过程中，我愈发认识到技术革新带来的变化有多迅猛。

媒体既不是技术的创造者，也不是发起者，只是一个追随者、使用者。

同样是视频，如今的视频概念已经不再局限于传统的定义和形态，从原来的短视频、小视频、中视频到全景视频、互动视频。这就是革新变化带给主流媒体的压力和挑战，稍不留神可能就落后了。

视频作品《2019 对话 1949：时代变了 初心未变》就是重大主题报道借助前沿技术的力量让好内容“飞起来”的典型。

新中国成立 70 周年，重庆媒体如何报道？如何才能“出圈”？

在重庆的发展史上，抗战文化和革命文化是独具重庆特色的历史文化体系。我们在翻阅历史资料并讨论了近十个方案后，将思路集中到了渣滓洞、白公馆的革命志士上。用“双屏互动”的技术，主打“平行世界”这一核心概念，让现代人与革命志士“隔空对话”。“双屏互动”技术完美呈现了“跨时空”对话的艺术表达，深刻阐释“时代变了，初心未变”的主题。

这一次成功的探索，再一次印证——新闻作品首先要以内容为核心，以技术创新赋能内容，让正能量更强劲、主旋律更高昂。

两年后，建党百年主题作品《党员，请选择！》再一次用创新“出圈”。

坚持政治性、思想性、艺术性相统一，在党史宣传中创新采用时下新颖的“互动视频”新模式，实现移动融媒体传播，献礼建党百年。这也是我从视频剪辑到编导转型的一个具有里程碑意义的作品，第一次驾驭剧情党史故事的导演拍摄。

在媒体融合的路上，身份会一直转换，从一个单一角色变得更复合。逐渐地，你就能胜任项目的全局统筹。

很多人问我，从文字记者到视频后期、编导，再到策划统筹，怎么走过来的？

我觉得主要是凭借兴趣，或者说是热爱。我热爱自己选择的这个职业，也热爱用视频讲述一个个动人的故事，热爱一个人去探索、尝试一些新奇的东西，这是我一路前行的不竭动力。

与此同时，在兴趣和热爱的驱使下秉持“无创新不融媒”。在追寻探索的路上，创新有时候就是要为难自己。创新常态化，就是要让创新成为一种习惯。每一个选题都要有亮点、记忆点，主题明确，概念先行，技术赋能。

热爱成就精品

要想将每一件作品打造成精品，就必须兼顾作品的新闻价值、内容亮点、艺术价值，以产品思维做新闻作品。

典型报道《微视频丨体育老师王红旭的最后百米冲刺》获得第32届中国新闻奖一等奖。在这个作品的采访中，为了不给王老师家人造成二次伤害，我们采用了手绘动画还原与真人讲述相结合的方式，艺术性地还原了王老师勇救落水儿童壮烈牺牲的全过程。

大型专题《人间正道是沧桑——百年百篇留声复兴之路》100期近10万字的内容，以全新的视角与形式让革命文物“说话”，解读其深刻的历史内涵和时代价值，专题的设计和交互呈现兼顾历史感、视觉艺术感。

重大主题报道《手绘微纪录丨大道同行》，用手绘长卷来弥补影像资料不足的缺陷，艺术化地还原了民主党派的历史知识和人物细节，讲明白了“各民主党派为什么跟着共产党走”。

内容是“硬骨头”，艺术形式是“好皮囊”。将一件作品打磨成精品是一场硬仗。从策划、文案脚本、前期准备到后期制作、审核校对，大家需要有“打鸡血”的体质、“脱几层皮”的准备。

《微视频丨体育老师王红旭的最后百米冲刺》分镜手稿几十页，每个场景、每句对白、每个动作表情都一一拆解斟酌；《手绘微纪录丨大道同行》制作过程中，大家放弃周末休息，拿出几十版分镜脚本、几百张手绘底稿；制作《党员，请选择！》时，凌晨两点的办公室里，主创们仍然热血沸腾……

每每回望那些为打造精品而不倦奋斗的日子，回想那些最漫长的夜与最亮的星，当面对中国新闻奖两个一等奖、一个二等奖的荣誉，我们不禁感慨，原来星光真的不负赶路人！

如果说初入媒体是为了立足扎根，是务实之需，如今我更爱这句“热爱可抵岁月漫长，坚持可平山海跌宕”。

热爱是一种信仰。而今每次回到学校和学弟学妹们交流，总能触发我的推广体质，告诉他们做新闻是有趣的、崇高的。要让人热爱，必然要让人先觉得有趣。

我们也意识到，就如电影工业化一样，融媒体产品“工业化”模式正在到来。从一专多能、一人多用逐步分化，产品需要的岗位分工将更加专业和精细。面对遥遥领先的头部媒体，地方媒体面临的挑战是巨大的。大家都已抵达精品起跑线，起跑后的差距也会越来越大，能否在深耕内容的同时紧追前沿步伐，也是我们要继续探索突破的难题。

奋进新征程

创新是摸清楚、了解透、跟得上受众喜欢的方式和思维；转变是主流媒体传播主体变化，顺应时代发展，和受众产生多向互动。

2023 年底，我的工作发生了变动，从华龙网到重庆日报，从网络媒体转战党报新媒体，一半是熟悉的领域，一半是新的征程。在媒体格局、舆论生态、受众对象、传播技术的巨大变革中，我将继续探索报纸与新媒体的叠加优势。

行百里者半九十。做新闻是一条孤独且漫长的路，新闻人要耐得住最平凡的寂寞，才能抵得住最浮躁的喧嚣。无论何时，走到最前线、听到最真实的声音、保持人民情怀、记录伟大时代，就是我们最应坚守的初心。（来源：传媒茶话会 作者系易华，曾任华龙网融媒体新闻中心融创部副主任，2023 年 12 月调入重庆日报新重庆客户端新媒体部）

图 4.61　新媒体记者在采访过程中

第五章

企业内部学习平台的经验与成效

企业学习平台是个共享平台，相当于修建了一条“共享高速路”，让有需要的部门和单位在上面尽情奔跑。

一、构建满足员工对美好生活需求的网络空间

（一）学习教育互联网化

人类社会的发展既创造了丰富的物质文明，也创造了丰富的知识体系。任何一个人，即使再聪明，恐怕也难以穷尽所有的知识。同样，人类社会的发展也造就了复杂的分工与协作体系，无论从事的是何种工作，其都建立在分工体系之下。

分工也意味着知识体系的细分，员工在岗位分工下，如何确保自己的岗位工作与其他人的岗位工作相协调与匹配？如何确保岗位工作与企业目标相一致？这需要员工保持持续学习的心态，不断提升自己的综合能力，并且使这种能力的发挥与企业发展目标处于同一个轨道。管理者则更需要不断学习和更新自己的知识体系，因为企业在日新月异的竞争环境下，要保持持久的竞争力，就需要不断适应形势变化，企业管理者当然更要先学一步，使自己的知识体系能够适应快速变化的内外环境。

企业内部的员工由于岗位分工，形成了各自不一样的知识结构和工作内容，彼此之间缺乏足够的了解。组织的最大功能发挥不仅依赖各岗位工作的效用发挥，还依赖彼此最大化的协作、配合。因此，持续学习就变得非常重要，不仅是本岗位需要不断更新知识，还需要学习其他岗位和其他业务的知识，这样才能提升系统思维能力，在处理企业事务时才会从企业的大局出发进行思考与行动。

企业学习平台提供了一个网上综合性学习平台，能够让员工及时了解企业总部领导的声音，了解系统内其他企业的最新动态，还能够通过不同的专业板块学习不同专业的知识，使企业内部员工进一步增强系统思维能力，站在公司整体大局中去思考自己岗位工作的独特意义，并提高协作能力。

作为“移动课堂”，企业学习平台解答了在移动互联网时代如何利用互联网做好职工教育这道时代考题。平台将职工教育与互联网相结合，总部系统工作的“条条”和企业全面工作的“块块”，都可以实现职工教育的互联网化，通过把培训课堂搬到网上，进一步增强学习培训效果，助力打造学习型企业。

案例

奋进川维：提升平台“三力”，打造教育阵地

川维公司积极运用“奋进川维”子平台传达上级要求、开展学习培训、进行互动交流，实现对在职员工、离退休人员和合资改制企业员工的全面覆盖和有效影响，将“奋进川维”打造成企业开展形势任务教育的重要阵地。

一是用好子平台功能保持吸引力。公司认真研究和使用“奋进川维”子平台功能，积极组织职能部门和基层单位定期通过子平台开展学习培训和抽奖活动，不仅提升平台吸引力，而且为持续保持平台活跃度提供了有力支撑。

二是扩大覆盖范围增强传播力。公司将合资企业、主要承包商以及离退休职工纳入“奋进川维”关注范围，通过“奋进川维”将中国石化和川维公司最新的管理要求及时传递给承包商，让承包商员工更好地了解甲方工作的管理重点、难点和攻坚点，引导承包商与中国石化及川维公司在从严管理上同频共振、在完成工作上双向奔赴、在深化合作上互利共赢。

三是精心策划专栏提升影响力。公司将“奋进川维”作为开展形势任务教育的重要平台，将宣传资源向“奋进川维”子平台倾斜。加强策划，发布“精细管理在基层”“热点访谈”等视频文章，取得良好效果。经过公司党委宣传部精心引导，干部、员工养成了在“奋进川维”点赞、评论、留言的好习惯，谈学习感受和体会，形成了浓厚的学习互动氛围。

（二）线上心理咨询轻松化

马斯洛提出了人类需求五层次理论，从低到高依次是生理需求、安全需求、社交需求、尊重需求、自我实现需要。马斯洛的需求层次理论其实可以更加简单地概括为物质层面的需求和精神层面的需求。安全需求、社交需求、尊重需求、自我实现需要主要表现为精神层面的需求，但也离不开物质层面的需求。例如，在社交需求中，一般表现的是精神层面的愉悦与轻松，但也需要一定的物质作为保障。

同时，在物质需求满足的过程中总是会伴随精神层面的需求。这是因为人的大脑会思考，如果想不明白，或者说，外界所呈现出来的事实与自己所想不一致，人就会产生疑惑，这个时候就需要有人来解惑。

不幸的是，我们不一定能够轻松地从身边的朋友、家人或同事中寻找到解惑的办法，他们或许和我们有相同的困惑，或者提出的解决办法得不到自己的认可；还有一种可能性，就是我们不愿意向熟悉的人提出自己的困惑，因为那样可能会被认为无知和可笑。

幸运的是，企业学习平台设置了这样一个栏目，叫作“心福咨询”，就是说要做到心中是幸福的。大家想一想，其实幸福是一种感觉，是来自心中的感觉，所以叫“心福”。你幸福不幸福不是别人说了算，也不能从你的穿着打扮或者物质上的满足程度看出，幸福一定是自己内心深处的一种感受。但问题是，人的感受、认知、思维可能会出现偏差，而把本应该感受到的幸福变成了不幸福，这就是认识偏差的问题，需要有人来解惑。

作为“心灵加油站”，企业学习平台可以为员工提供及时有效的心理咨询服务，消除心理隐患，稳定员工队伍。同时，大力培养企业内部兼职心理服务骨干，除电话预约心理咨询外，还开通匿名在线咨询、心理测试、冥想练习等板块，并推送相关文章，帮助员工掌握心理健康知识，形成“线上＋线下”咨询服务模式，为员工有效解决职场工作、婚姻家庭、亲子关系、个人心理等诸多问题。

（三）网上朋友圈生动化

如果把企业学习平台设置的每一个栏目比喻成一个个独立的个体，那这些栏目彼此就是朋友，企业学习平台就构成了一个网上的“朋友圈”。企业学习平台的朋友圈，是基于开展企业文化宣传需要与解决好员工需求相结合的朋友圈。例如，作为“互动天地”，企业学习平台不但为员工提供物美价廉的物质产品，还让员工当主角烹制出美味的精神大餐，成为满足员工对美好生活需求的网络空间。从提供内容的流程来看，企业学习平台有自己的内容提供、审核的工作流程。因此，它所提供的内容，必然是服务于企业发展需要以及员工工作需要的。

如同前面所述，人的需求包括物质需求和精神需求，企业要实现人与企业的共同发展，既要想办法满足员工的物质需求，也要想办法满足员工的精神需求。同样，企业作为一个组织，也有自己的物质需求和精神需求。因此，如果从深一层的角度来看，企业和企业中的员工都有自己的需求，而要满足这种需求，企业与员工要相互之间提供供给。这意味着任何一方提供给对方的供给要能够满足对方的需求。

在企业内部，企业的需求往往处在一个更重要的位置上，这是因为企业的需求反映了企业绝大多数员工的共同意志，也就是说，企业的需求可以看作员工需求的集合体。例如，企业希望自己不断发展壮大，员工也希望自己的企业不断壮大，只有企业发展壮大了，员工才能够获得更多的利益。但是在精神层面就会显得复杂一些，这是因为企业通常会建立自己一整套的价值理念和行为规范，但不是所有的员工都清楚明了，还有一些员工对此了解比较少，这时就需要建立像企业学习平台这样的精神家园，既可以让员工在上面了解最新的资讯和政策，也能够深入理解企业的文化体系，使自己的思想和行为尽可能符合企业的精神价值体系，也让企业制度文化转化为员工的自觉行为。

因此，企业学习平台如同网上的朋友圈，在不断地告诉我们应该坚持什么、反对什么，不断地修正、改善、提升我们的知识体系和价值体系，让我们成为企业真正可信赖的、可依靠的、忠诚的卫士。

二、为清朗精神家园“搭建一座桥”

习近平总书记在网络安全和信息化工作座谈会上指出，网络空间是亿万民众共同的精神家园。网络空间天朗气清、生态良好，符合人民利益；网络空间乌烟瘴气、生态恶化，不符合人民利益。

在过去的一段时间里，由于在网络空间缺乏组织领导力，我们在互联网中面临了巨大的挑战。党的新闻舆论工作正处在“守正创新”的新阶段，既要守护天朗气清的网络环境，又要创新构建组织在网络空间的领导力。企业学习平台以守正促创新，以创新强守正，坚持积极利用、科学发展、依法管理、确保安全，最大限度利用网络空间发展潜力，在互联网创建了一个以大型企业集团内部员工为目标群体的网络空间。

（一）全覆盖，避免遗漏

企业号作为企业文化宣传的主要阵地，也是新媒体时代下企业宣传最主要的形式之一，与传统的媒体相比，受众不受时间、空间的限制，因此更具有广泛性，这正是企业在宣传思想工作领域要追求的目标。

企业学习平台作为一个网络平台，采取逐步建设、循序渐进的发展方式，先定位为“宣传平台”，用于发布信息、组织学习和开展宣传教育引导工作。由于企业学习平台是全覆盖，而且直达员工，如同修建了一条企业虚拟的高速公路，既有大容量，又保证信息跑得快，所以大家都想用，很快就成为一个应用平台。大家上来多了，逗留时间长了，提供的应用服务很丰富，磁力大，黏性也就强了，自然就会形成企业新的生态，成为一个“生态平台”。

企业学习平台的栏目设置也体现了全覆盖性。“奋进2024”，主要宣传各单位在攻坚创效、改革发展中的先进典型经验；“风控内控”“绿色安全”，非常适合安全生产、环保管理、财务会计，以及各级领导学习提升；“二十大学习进行时”“学思想、强党性、重实践、建新功”等政治理论学习栏目，让广大干部、员工能够系统学习领会习近平新时代中国特色社会主义思想；“新闻来了”“热点解读”，能够让广大员工及时了解企业高层声音和企业相关政策；“心福咨询”体现了组织对员工的心理关爱；“互动天地”栏目，能够让员工在网络平台尽情展示自己的才艺，营造欢乐氛围，增进企业和谐。

企业学习平台是企业内部的服务平台，不是以营利为目的的第三方服务平台，第一功能不是通过提供庸俗的内容来取悦读者，而是要发挥教育和引导作用。因此，平台坚持从源头进行网络治理，呈现出来的内容都经过了严格的审核审批，其反映的企业文化体系、价值取向，与国家倡导的文化体系、价值取向具有一致性。

案例

奋进中科："三化"管理聚合力，宣传教育全覆盖

中科炼化以“奋进中科”子平台运行制度化、栏目推送规范化、内容策划专题化“三化”管理，推动“上传下达”全员覆盖，实现宣传工作效率和效果双提升。

一是平台运行制度化推进统筹管理。通过制定平台运行管理办法，建立平台运行架构，发挥各级宣传力量，合力办好子平台，为公司党委声音传递打通“最后一公里”。建立新闻宣传工作积分管理标准，以单位体量对宣传任务进行分档，推动各单位积极运用子平台开展宣传。将关注“奋进中科”子平台作为新入职员工规范动作，确保公司员工注册全覆盖。

二是栏目推送规范化促进优质运行。落实审核责任，守好宣传阵地。明确公司新闻需经公司党委宣传部审核发布，各单位发布内容需经各党支部书记审核。公司党委宣传部定期对该平台进行巡查，每月评优分享，并对存在问题进行考核通报。

三是内容策划专题化提升宣传效果。聚焦不同时期重点、难点工作，开设专题专栏。目前共设置主题教育、安全管理强化年和党建引领等 13 个主题、18 个专项，为学习宣传贯彻党的二十大精神等提供“落脚点”，在公司内部营造良好舆论氛围。

（二）即时性，确保时效

企业学习平台是员工的精神家园。由于精神需求是不断变化的，意味着满足需求的供给也要不断变化更新，否则关注就会发生转移，那些提供多样化和及时性精神产品的媒体，会更受青睐。人对精神层面的需求究竟有什么样的特点或者共同点呢？这是一个很复杂的课题，但是，有一个共同点我们应该给予重视，就是追求一种可以给我们带来寄托、愉悦和安全的境界。

通常来讲，人的精神需求满足相较于物质需求满足，要更加难一点。例如，再好看的电影，如果看第二遍，精神层面的需求也会大大降低，观看时没有耐心，甚至不愿意看完。但是，一件衣服可以反复穿，某一种菜品隔几天吃又觉得很美味。所以，精神层面的供给往往不太容易。

企业学习平台坚持做到每日更新。“新闻来了”每个工作日更新，并且内容丰富，涵盖了集团领导工作动态、企业动态及相关最新政策解读等。“学思想、强党性、重实践、建新功”等栏目第一时间更新，宣传各单位主题教育开展情况及成效，有助大家学习借鉴。通过每日更新，有效保证了企业学习平台内容的及时性，增强了员工对平台的黏性，让员工愿意花更多时间在企业学习平台上学习、分享与成长。

（三）数智化，精准引导

随着经济的发展，物质层面和精神层面的供给竞争都变得更加激烈。例如，网络提供的大多数精神性的文章、图片、视频等，基本上是免费的，就是希望通过免费来获得人的关注。

人作为精神产品的消费者，可以在不同的网站或者平台自由切换，所需的成本往往是注意力成本和时间成本，本质上讲都是时间成本。

如果我们能够精心设计和制作平台的内容，让精神产品的消费者在平台不仅能够得到身心的愉悦，还能够学到更多的知识，从而增长自己的才干，那么，我们付出的时间成本才会显得更加值得。例如，奋进石化“心福咨询”模块，设置了心理咨询预约模块，员工只需要输入手机号码预约，即会有专门的心理咨询师联系。

企业学习平台除常规的栏目设置和内容更新外，还通过直播活动和答题活动来获得更广泛的流量关注，推动对专业知识的学习。2023 年恰逢中国石化成立 40 周年，中国石化各企业、事业单位纷纷开展庆祝中国石化成立 40 周年企业文化故事会活动，这些故事会通过在“奋进石化”进行直播，精准引导了全系统员工观看。

企业学习平台推动组织天然连接和凝聚的功能，接续到虚拟网络中，通过组织导向与网络空间全覆盖、即时性优势相结合，确保组织功能在网上有效发挥，既可满足员工在社会网络中获得的展现个性化、体现自由平等的需求满足，又能使员工享受到企业真实可信、安全稳定的各类服务。

三、挺起党的新闻舆论工作的精神脊梁

习近平总书记在全国宣传思想工作会议上强调，要把握正确舆论导向，提高新闻舆论传播力、引导力、影响力、公信

力，巩固壮大主流思想舆论。

企业学习平台系统的应用推广，正是从更宽广的领域，开辟了一个强化内部思想教育的重要阵地。读者在哪里，受众在哪里，宣传报道的触角就要伸向哪里，宣传思想工作的着力点和落脚点就要放在哪里。

（一）唱响主流声音

企业学习平台采用实名制注册，面对的群体是企业内部员工，唱响主流声音是企业学习平台的核心功能。因此，平台栏目设定的第一要素就是保证内容的正能量，确保提供的内容与党中央的政策保持一致，与企业工作部署和要求保持一致，与各企业对高质量发展的追求、实现企业与员工的共同发展保持一致，重点体现理论武装、形势任务教育、生产经营动态宣传、典型宣传等宣传思想工作的主要任务。平台将总部的声音与各企业内部重要会议精神、重要工作安排等及时传递给员工，有利于干部、员工整体把握企业动态，形成同频共振、上下协同的舆论引导模式。

案例

创新传播内容形式　增强平台聚合效应

“坚持正确舆论导向，高度重视传播手段建设和创新，提高新闻舆论传播力、引导力、影响力、公信力。”江苏油田宣传部门谨记习近平总书记对宣传工作的谆谆教诲，充分依托“奋进江苏油田”这个移动平台，积极探索新时代新形势下的新媒体创新，引导广大员工增强对集团公司和油田工作的认同感、参与感、获得感，取得了显著成效。

作为“奋进石化”第一批上线的子平台，“奋进江苏油田”聚合效应日益彰显，成为江苏油田凝聚员工、推动发展的重要宣传阵地。

多模块聚合，改变固有观念

“学习是一件枯燥的事情！况且哪有时间学？”“油田的形势跟我能有啥关系？”不愿意学习方针政策、不愿意参与“与己无关”的事，是不少员工的固有观念。“奋进江苏油田”上线后，改变了学习平台的单板模式，开设了新闻快车、学习园地、答题、工作测评等模块，在轻松快乐的学习环境中，集团公司以及油田重点工作得到了强化。

我们积极组织了一些互动性、参与性比较强的活动，比如“看新闻中大奖”“投票评选”等，大大增进了员工对当前形势的了解，营造了一种“比学赶帮”的学习氛围。主题类答题活动则采取多期答题、累计得分的方法，达到规定得分即可参与抽奖，充分调动大家“参与学习”的积极性。邀请员工对机关工作进行测评，不仅可以增强员工“主人翁”意识，在测评中了解各部门工作的重点、难点，也能在一定程度上促进油田改革发展中各类工作的高效运行。

类似这样的学习、交流模块，常态化地出现在子平台中，在潜移默化中引领员工“常常点、常常看”，从“要我学”变成“我要学”，这也是对员工学习行为方式的创新。

多维度创作，注重内容创新

“万万没想到，看看动画片还能了解到油田最新的形势。”

这是江苏油田员工在最新一期《小萱讲形势》动画片下的留言。为了深入浅出地讲好油田形势，宣传好油田职代会精神，油田宣传部组织精兵强将专门制作了13期系列短视频。每期用120~180秒呈现一个主题，内容精练，主题突出，受到了广大干部、员工的好评。

不管是对集团公司工作会，还是油田职代会、党委扩大会等重点工作的宣传，我们都进行了事先策划，通过制作一批员工群众喜闻乐见的宣传产品，让宣传效果“动”起来、“活”起来、“潮”起来。

将职代会行政工作报告中最有价值的数字和金句单独摘出来，制作成“一句话+图片”式内容，“数”说、“句”说海报便应运而生。把会议精神的关键词制作成快闪小视频，则是对油田重点工作的再一次凝练。在内容上下功夫，改变以往枯燥繁复的教条式“说教”，我们用最简单易懂的方式，让基层员工一听就懂、一看就会，让集团公司和油田的中心工作在基层的宣传推广走深走实。

多形式塑造，立体发布造势

“内容为王，创新为要。”好的内容离不开形式的包装、宣传形式的创新，其不仅让员工更有新鲜感，也更有利于内容的传播。

相比以往的图文形式传播，最近两年的职代会、形势任务报告会，油田宣传部都利用“奋进石化”平台进行了直播，这是新媒体时代最直接快速的传播方式，也取得了非常好的宣传效果。制作专题游戏，比如跟随朗读职代会报告中的关键内容，既有参与性又有存在感，这样的学习内容寓教于乐、大家都说“好”。将领导讲话摘录制作成抖音，用“答卷”形式解析职代会工作报告……对重点工作的宣传，我们推陈出新，多样化形式，在“奋进石化”平台立体式发布，营造出声势、打造出亮点。

另外，油田的二级单位，甚至三级单位，也会将贯彻落实会议精神的具体举措或打算，以图文或微视频的形式投稿到子平台；员工们则积极留言谈感想、谈收获，这与油田层面的发布形成呼应，构建了完整的学习体系和生态圈。

（二）宣讲形势政策

企业学习平台充分发挥平台受众广的优势，利用“二十大学习进行时”“学思想、强党性、重实践、建新功”“热点解读”“新闻来了”等栏目，从不同方面，对党中央和集团公司形势政策进行简明扼要的解读，消除员工疑惑，员工反映比较喜欢政策解答类栏目。

案例

奋进江汉：抢占碎片化时间，引导大流量宣传

江汉油田将“奋进江汉”作为推动融媒体发展的重要阵地，充分发挥权威性强、保密性好和覆盖面广等优势，集中力量抓好内容建设，满足不同员工群体需求。

一是构建权威消息“发布场”。高度重视“奋进江汉”的“官号”属性，围绕党内集中教育，以及集团公司和江汉油田重要会议、重大部署，及时开辟专栏，发布政策精神、安排部

署和工作动态。紧跟江汉油田深化改革步伐，制作关于改革政策解读的图文和视频，发布医保报销、社保养老等与员工切身利益相关的内容，安排专人做好评论管理，有理有据做好线上回复，指导相关单位做好“一对一”“面对面”的“线下”解读，让“奋进江汉”成为员工离不开的“工作说明册”和“生活指南书”。

二是激活信息动态“刷新站”。组建专门团队做好“奋进江汉”日常维护，紧跟当前工作重点、关注热点，加大更新密度与频次，根据工作日、节假日不同，合理安排稿件发布内容，年均发布各类信息3000余条，确保“奋进江汉”的“曝光度”。同时，认真分析员工阅读习惯，科学选择发布时间，让员工在工作之余打开手机微信就能第一时间收到最新、最重要的动态信息，养成从“奋进江汉”了解所需信息的习惯，形成正面宣传的大流量。

三是打造优质内容“集散地”。用好新闻宣传“中央厨房”，挑选报纸、电视、微信等其他媒体的优质内容，根据“奋进江汉”特点做好二次加工。加强选题策划，持续推出了“见证”“身边的榜样”等系列专题，赋予“奋进江汉”更多文化属性，有效增强用户黏性。

（三）把握思想动态

企业学习平台充分发挥大数据技术优势，利用平台组织开展员工思想动态调查和分析，迅速统计调查结果，彻底改变了以往组织思想动态调查时，依靠发放很多调查问卷、发动基层组织员工答题、再回收问卷统计结果等繁重劳动，极大提高了工作效率。

此外，利用平台留言功能，收集员工对同一事件的不同反馈，从中了解员工的思想状况，并通过锁定目标群体，有针对性地进行思想引导；利用“心福咨询”“心理测试”“一键呼”等栏目板块，了解员工心理状况，通过电话预约、线上咨询，有效开展心理疏导工作。

同时，企业学习平台遵循网络内在发展规律，采取尊重、信任、沟通、互动等互联网思维方式方法，增强用户黏性，使组织引领力和团队凝聚力大幅提升。

案例

“奋进川维”：扩大覆盖范围，提升平台“三力”

川维化工将“奋进川维”打造成企业开展形势任务教育的重要阵地，积极运用“奋进川维”平台传递上级管理要求、进行新闻监督、开展学习培训、设置互动交流话题，实现对在职员工、离退休员工、合资改制企业员工的全面覆盖和有效影响，形成了全员支持与理解从严管理、积极参与改革的良好氛围。

扩大覆盖范围，增强平台传播力

公司将合资企业、主要承包商人员以及离退休职工纳入“奋进川维”关注范围，特别实现了“奋进川维”对主要承包商人员的覆盖，对于企业强化管理具有极大的促进作用。通过“奋进川维”能及时将中国石化和川维化工公司最新的管理要求直截了当地传递给承包商，让承包商员工更好地了解甲方工作的管理重点、难点和攻坚点，引导承包商与中国石化及川维化工在从严管理上同频共振、在完成工作上双向奔赴、在深化合作上互利共赢。

精心策划专栏，提升平台影响力

公司将“奋进川维”作为开展形势任务教育的主要平台，不仅将宣传资源向“奋进川维”平台倾斜，引导企业通讯员优先投稿微信形式的稿件，极大地丰富平台的宣传内容，还将重点宣传内容以微信的形式进行推送，提醒员工及时浏览和学习。同时还在“奋进川维”上开设“精细管理在基层”“热点访谈”等专题视频栏目，将平台作为宣传部门精心策划制作的宣传视频的首发渠道，员工直接通过手机就可以随时随地观看正面典型、案例反思等类型的宣传视频进行学习。经过宣传部门多年的引导，大多数员工养成了在“奋进川维”上评论、点赞、互动的良好习惯，畅谈学习感受和体会，形成人人通过“奋进川维”了解上级精神、学习管理要求和开展互动交流的良好氛围。

用好平台功能，保持平台吸引力

公司认真研究和使用“奋进川维”平台提供的功能，还积极组织职能部门和基层单位定期通过“奋进川维”开展学习培训和抽奖活动，员工在开展学习后进行抽奖，不仅提升了平台的吸引力，还为持续保持平台活跃度提供了有力支撑。

目前公司各职能部门和基层单位也积极利用平台提供的学习培训、问卷调研和投票点赞等互动功能，开展工作餐满意度调研、思想动态线上搜集和员工文艺作品投票点赞等互动交流活动，充分使用平台所提供的各项功能，促进企业管理水平的提升。

后 记

读完这本书，一扇在网络时代抵达员工心灵深处的大门就此打开。这既是一本建好学习平台的探索实践手册，又是一部企业聚人心、鼓士气的作业指导书。通往终点的路可能有无数条，但如果有了清晰准确的路标，后来的人可以更快地抵达目标。

与时代洪流一同浩荡前行，拓荒者的汗水是最闪亮的奖章。运用“奋进石化”平台探索提升网络空间领导力的实践，是集体智慧的结晶和无数人共同努力的结果。本书在写作过程中，得到黄平华、仰慕菡、席虹雨、周芯怡、邱丽平、资瑞霞、王静、谭勇、舒苑、于佳卉、王晓凤、徐婕、戴明明、周淑莲、李秀、张琪、楚学朋等同志在文字修订与审校方面的支持，在此一并致谢！

开卷有益有趣有得有感。请您在这本书中和我们一起观赏路上的风景，感受春风吹拂、万物生长，于作者就是最大的肯定和支持。如果能够抛砖引玉，引发更多更深层次的思考和更大更广范围的探索，那就是再好不过的事了。